中国有色金属工业协会专家委员会组织编写

有色金属系列丛书

中国铝业

北　京
冶金工业出版社
2013

内容简介

本书共分为11篇，内容涵盖金属铝的性质、产品分类、用途，铝业发展史，铝资源形成与分布，铝勘查与采选技术及装备，铝产品冶炼、加工工艺及装备，铝工业技术进步、新材料，节能减排、资源综合利用与循环经济，铝市场简介，铝行业资本运营，安全、环保、清洁卫生，以及国内外铝业主要生产商和消费商介绍等方面，并附有铝行业相关政策法规与标准规范。

本书尽可能多地汇集国内外铝业相关资料，力争较为系统、全面地介绍铝工业的相关知识和发展现状。本书可作为从事或关注铝工业的一般工作者的科普性阅读和参考用书，以帮助快速了解和掌握铝行业的基本信息。

图书在版编目(CIP)数据

中国铝业/中国有色金属工业协会主编. —北京：冶金工业出版社，2013. 3
(有色金属系列丛书)
ISBN 978-7-5024-6221-5

Ⅰ. ①中… Ⅱ. ①中… Ⅲ. ①铝工业—中国
Ⅳ. ①F426. 32

中国版本图书馆CIP数据核字(2013)第045581号

出版人　谭学余
地　　址　北京北河沿大街嵩祝院北巷39号，邮编100009
电　　话　(010)64027926　电子信箱　yjcbs@cnmip.com.cn
责任编辑　李　臻　美术编辑　李　新　版式设计　孙跃红
责任校对　李　娜　责任印制　李玉山
ISBN 978-7-5024-6221-5
冶金工业出版社出版发行；各地新华书店经销；三河市双峰印刷装订有限公司印刷
2013年3月第1版，2013年3月第1次印刷
148mm×210mm；8印张；156千字；233页
29.00元

冶金工业出版社投稿电话：(010)64027932　投稿信箱：tougao@cnmip.com.cn
冶金工业出版社发行部　电话：(010)64044283　传真：(010)64027893
冶金书店　地址：北京东四西大街46号(100010)　电话：(010)65289081(兼传真)

《中国铝业》编辑委员会

序

为适应有色金属工业发展的需要，普及和提高有色金属知识，提升全国有色金属战线广大干部职工的思想业务素质，促进我国从有色金属生产大国向有色金属工业强国的转变，中国有色金属工业协会组织编写了《中国铜业》等《有色金属系列丛书》（共21本）。《丛书》集中了全行业的智慧和力量，汇集了当今中国乃至世界有色金属领域的最新知识和信息，深入浅出，通俗易懂，融知识性、实用性为一体，是社会各界学习和提高有色金属知识的好教材和实用工具书。

有色金属是经济社会发展必不可少的基础材料和重要战略物资。有色金属作为功能材料和结构材料而广泛应用于人类生活的各个领域，成为当今高新技术发展和国防军工的重要支撑。有色金属的生产和消费水平已经成为衡量一个国家社会进步的重要标志。

中国是生产有色金属品种最全的国家，门捷列夫化学元素周期表中的64种元素的有色金属都能生产。中国是世界生产和消费有色金属最多的国家，到2011年十种有色金属产量已达3438万吨(快报数)，连续10年位居世界第一，年消费有色金属已达3580万吨以上，连续9年位居世界第一。目前全国已有有色金属企业、事业单位3万多家，就业人员360多万。

有色金属涵盖的金属品种多。在元素周期表中，除了黑色金属铁、锰、铬，锕系和超锕系放射性金属元素外，余下64种都为有色金属元素。有色金属成矿条件复杂，矿床类型多样，矿体形态变化大，元素组合多样，勘探难度大，而且需要综合勘探、综合评价。有色金属结构复杂，多种矿物相嵌共伴生关系密切，选矿和冶炼的技术、装备复杂，工艺流程长。有色金属应用领域广，用途千差万别，材料的研制和加工复杂。有色金属元素在原矿中含量低，富集比都在几十、几百、几千甚至几万以上，导致在采矿、选矿和冶炼过程中固体废物多，节能环保压力大，工艺技术复杂。综合上述不难看出，有色金属产业是固体矿产资源开发利用领域最复杂的产业，有色金属知识领域宽广、博大精深。

建设现代化的有色金属工业强国是全行业360多万职工为之奋斗的目标。我相信，《丛书》的出版发行，对增进全社会对有色金属工业的了解，推动全行业广大干部职工学习和掌握有色金属知识必将发挥积极重要的作用。让我们行动起来，为促进我国有色金属工业的持续、稳定发展，为实现有色金属工业发展的既定目标而奋勇前进。

中国有色金属工业协会会长 陈全训

2012年8月于北京

前 言

铝是一种轻金属，在地壳中的含量约为7.73%，仅次于氧、硅元素，居第三位。由于具有质量轻、加工性能好、无毒、耐腐蚀、导热导电、无磁性、反射性强、高载能等优良特点，铝及铝合金制品在建筑、交通、电力、机械、食品、家电、高新材料、航空航天和军工等行业用途广泛，素有“万能金属”之誉。目前，在所有金属材料品种中，铝是产量仅次于钢铁的第二大金属材料，已成为各国国民经济发展和现代化建设中必不可少的基础原材料行业。

世界铝生产技术的发明至今已有120多年的历史，中国铝工业走过了从中华人民共和国成立初期至改革开放之前的依赖引进、探索起步，到改革开放30多年来的快速发展与升级创新四个阶段，历经60多年的坎坷，我国铝工业已逐步形成了具有自主知识产权的从勘查设计、生产经营、科学研究到进出口贸易等完整的工业生产体系，部分关键技术和生产指标已居世界领先地位。截至2010年，中国铝产量与铝消费量已连续十年位居全球第一位，铝相关产品包括铝土矿、氧化铝、化学品氧化铝、电解铝、铝加工材、铝用炭素、高纯铝、再生铝、氟化铝的产量均名列世界前茅，中国铝工业已成为全球铝工业发展的引擎，在世界铝产业经济中占据了举足轻重的地位。

本书是应社会各界人士的要求，同时也是为了适应中国铝工业的技术进步和产业发展而编写的。其内容力求做到涵盖面广、深入浅出、通俗易懂，便于读者全面了解和掌握有关行业发展、专业技术、贸易需求以及政策法规。

本书在编写过程中，得到了贵阳铝镁设计研究院有限公司、长沙有色冶金设计研究院有限公司、中色科技股份有限公司等参编单位以及业界专业人士的大力支持和协助，在此一并致以真诚的谢意。

由于资料整编时间短，调研和咨询覆盖面不够，采集和统计的国内外铝行业近期在生产实践和科技创新方面的权威资料与同年的数据不够全面，因此，本书可能存在一定的疏漏和不足，敬请广大读者批评斧正。

编　者

2013 年 2 月

目　录

第一篇

铝的基本知识

第一章　铝的概念

铝（aluminium，由古罗马语 alumen 明矾衍生而来），化学符号为 Al。在元素周期表中属$Ⅲ_A$族，原子序数 13，相对原子质量 26.98154，常见化合价为 +3。

铝在自然界中分布极广，地壳中铝的含量约为 7.73%，仅次于氧、硅元素，居第三位。目前在地壳中已知的含铝矿物有 258 种，其中常见的矿物约 43 种，并且多以氧化物、氢氧化物和含氧的铝硅酸盐形式存在，极少发现铝的自然金属。图 1-1 为地壳中主要元素的含量。表 1-1 列出了地壳中

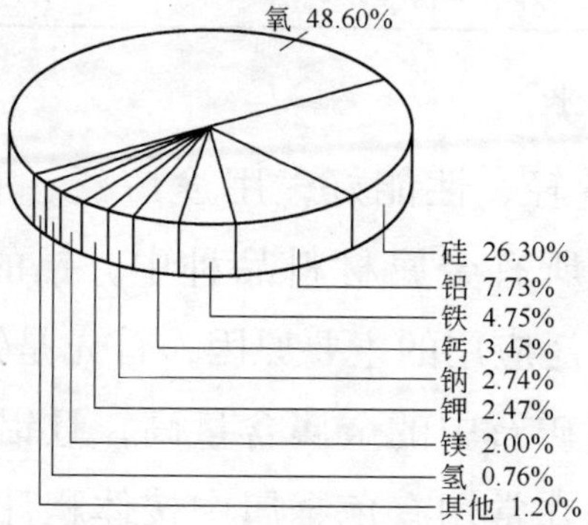

图 1-1　地壳中主要元素的含量（质量分数）

表 1-1　地壳中主要的含铝矿物[1]

名　称	化学式	平均含量/%	
		Al_2O_3	SiO_2
刚　玉	Al_2O_3	100	—
一水软铝石	$Al_2O_3 \cdot H_2O$	85	—
一水硬铝石	$Al_2O_3 \cdot H_2O$	85	—
三水铝石	$Al_2O_3 \cdot 3H_2O$	65.4	—
蓝晶石	$Al_2O_3[SiO_4]O$	63.0	37.0
红柱石	$Al_2O_3 \cdot SiO_2$	63.0	37.0
硅线石	$Al_2O_3 \cdot SiO_2$	63.0	37.0
霞　石	$(Na, K)_2O \cdot Al_2O_3 \cdot 2SiO_2$	32.3~36.0	38.0~42.0
长　石	$(Na, K)_2O \cdot Al_2O_3 \cdot 6SiO_2$	18.4~19.3	65.5~69.3
白云母	$K_2O \cdot 3Al_2O_3 \cdot 6SiO_2 \cdot 2H_2O$	38.5	45.2
绢云母	$K_2O \cdot 3Al_2O_3 \cdot 6SiO_2 \cdot 2H_2O$	38.5	45.2
白榴石	$K_2O \cdot Al_2O_3 \cdot 4SiO_2$	23.5	55.0
高岭石	$Al_2O_3 \cdot 2SiO_2 \cdot 2H_2O$	39.5	46.4
明矾石	$(Na, K)_2SO_4 \cdot Al_2(SO_4)_3 \cdot 4Al(OH)_3$	37.0	—
丝钠铝石	$Na_2O \cdot Al_2O_3 \cdot 2CO_2 \cdot 2H_2O$	35.4	—
冰晶石	$3Na_2O \cdot AlF_3$	12.9(Al)	—

铝的主要矿物种类。

铝由于质量轻、性能好，用途广泛，有“万能金属”之誉。目前，在所有金属材料品种中，铝的产量仅次于钢铁。铝能得到广泛应用的主要原因，首先是铝矿中的铝含量比其他有色金属矿石中的金属含量高，且铝矿储量较丰富。其次是铝的价格在常用有色金属中按体积计是比较便宜的。表 1-2 列出了铝与其他金属及重金属的比价。

表 1-2　铝与其他金属及重金属的比价

金　属		铝	铜	铅	锌	钢
密度/g·cm^{-3}		2.7	8.95	11.37	7.2	7.85
比　价	按质量计	100	150	55	62	18
	按体积计	100	497	232	165	52

第二章　铝的物理化学性质

第一节　铝的物理性质

铝是一种轻金属，外观呈白色金属光泽，具有密度小、熔点低、沸点高、电阻率小、导热性好、反光能力强、无磁性、伸长率好、无毒、易于加工、再生利用率高及可同多种金属构成合金的良好特性。铝的主要物理特性见表 1-3。

表 1-3　金属铝的主要物理性质

物理性质		单位	高纯铝（99.996%）	原铝（99.5%）
原子序号			13	—
晶格常数（面心立方晶格，20℃）		m	4.049×10^{-10}	4.04×10^{-10}
相对原子质量			26.9815	
密　度	20℃	g/cm^3	2.699（固态）	2.710
	700℃		2.357（液态）	2.373
	900℃		2.304（液态）	—
熔　点		℃	660.2	约 650
沸　点		℃	2060	—

续表 1-3

物理性质		单位	高纯铝（99.996%）	原铝（99.5%）
熔化潜热		J/g	397.32	390.60
燃烧热		J/g	9313	2297
比热容（100℃）		J/(g·℃)	0.88	0.66
热导率（25℃）		W/(m·K)	237	229.7
电阻率（20℃）		μΩ·cm	2.6548	2.922（软态）
			—	3.025（硬态）
布氏硬度		HB	24～32	
弹性模量		MPa	—	26250（横向）
				71000（纵向）
线膨胀系数	20～100℃	K^{-1}	2.458×10^{-5}	2.35×10^{-5}
	100～300℃		2.545×10^{-5}	2.56×10^{-5}
体积磁化率		cgs,emu	6.27×10^{-7}	6.26×10^{-7}
磁通量		cgs,emu	1.0	1.0
反射率		%	—	87～97
折射率（白色光）		%	—	0.78～1.48
吸收率（白色光）		%	—	2.85～3.92
辐射率（20℃，大气中）		W/m^2	—	0.035～0.06

第二节 铝的化学性质

铝的主要化学性质如下：

（1）铝与氧气反应。铝与氧气反应生成 Al_2O_3，其生成热很大，相当于 －31kJ/g。铝粉容易着火燃烧，可用作生产焰火的原料：

$$4Al + 3O_2 = 2Al_2O_3 \text{（发强白光）}$$

（2）铝与非金属反应。铝与非金属反应的化学方程式为：

$$2Al + 3S = Al_2S_3 \text{（S 表示非金属）}$$

铝在 2000℃ 下易于与碳反应生成 Al_4C_3。铝同三价卤化物（如 AlF_3、$AlCl_3$、$AlBr_3$ 等）反应可生成一价卤化物。

（3）铝与热水发生置换反应。铝与热水发生置换反应的化学方程式为：

$$2Al + 6H_2O = 2Al(OH)_3 + 3H_2\uparrow \text{（反应缓慢）}$$

（4）铝在高温下可还原其他金属氧化物。铝与金属氧化物反应的化学方程式为：

$$2Al + 3MeO = Al_2O_3 + 3Me \text{（Me 表示金属）}$$

利用这些反应可制取纯金属，如 Mg、Mn、Cr。

（5）铝与酸反应。在常温下浓硫酸和浓硝酸可使铝钝化。铝可与盐酸和稀硫酸发生置换反应，生成盐并放出氢气：

$$2Al + 6HCl = 2AlCl_3 + 3H_2\uparrow$$

$$2Al + 3H_2SO_4\text{（稀）} = Al_2(SO_4)_3 + 3H_2\uparrow$$

（6）铝与盐溶液反应。铝与盐溶液反应的化学方程式为：

$$2Al + 3Hg(NO_3)_2 = 3Hg + 2Al(NO_3)_3$$

（7）铝与碱溶液反应。铝与碱溶液反应的化学方程式为：

$$Al_2O_3 + 2NaOH = 2NaAlO_2 + H_2O$$

铝主要和 NaOH、KOH 等强碱溶液反应，碱溶液先溶解掉铝表面的氧化铝保护膜。

（8）氢氧化铝溶解在强碱溶液中。氢氧化铝与强碱溶液反应的化学方程式为：

$$Al(OH)_3 + NaOH \xlongequal{} NaAlO_2 + 2H_2O$$

铝与不活动金属氧化物（主要是难熔金属氧化物，如 Cr_2O_3、V_2O_5 及 Fe_2O_3 等）的混合物为铝热剂，在反应中铝起还原作用。反应过程释放大量热量，将被还原的金属熔化成液态。

第三章　铝产品分类

第一节　工业纯铝产品分类

工业纯铝产品目前在国际上尚无严格的分类标准，一般根据铝锭的主成分含量可分成如下三类：

（1）工业纯铝（Al 98.0% ~99.7%），也称为电解铝或原铝；

（2）工业高纯铝（Al 99.85% ~99.90%）；

（3）高级纯铝（Al 99.93% ~99.999%）。

按照目前国内外工业纯铝的标准范围，又可分为三类：

（1）原铝（Al 99.50% ~99.8%）；

（2）精铝（Al 99.90% ~99.998%）；

（3）高纯铝（Al 99.999% ~99.99999%）。

铝中所含的杂质含量主要对纯铝的电导率、电阻率和热导率等特性的影响较大，同时对铝的力学性能和加工性能也有一定的影响。

铝行业主要产品质量标准目录见附录5。

第二节　铝市场产品分类

按照铝的市场产品形态一般可分成如下四类：

（1）重熔铝锭：重熔用普通铝锭、重熔用精铝锭、板锭、圆锭、合金锭等；

（2）加工材：如板、带、箔、管、棒、锻件、粉末等；

（3）铸造铝合金：如铸造铝基合金、盘条、线杆、电缆等；

（4）各类铝制品：日常生活中的各类铝制品等。

第四章　铝的特点及主要用途

铝的特点及主要用途如下：

（1）质量轻。铝的密度只有2.7g/cm^3，约为钢、铜或黄铜密度（分别为7.83g/cm^3，8.93g/cm^3）的1/3。铝制品质量轻，可以节省搬运费用和加工费用。这一特性可用于制造飞机、轨道车辆、汽车、船舶、桥梁、高层建筑和质量轻的容器等。

铝材是飞机的主要结构材料，一般占50%～80%。汽车上用铝替代钢，1kg 铝可减轻车身质量 1.5kg，使每升汽油让汽车多行驶 0.011km，目前每辆轿车的用铝量平均已达到 180kg 左右，欧洲铝协预测，在 2015 年前，欧洲小汽车用铝量将增至 300kg/辆。

（2）强度好。铝的力学性能不如钢铁，但可以添加铜、镁、锰、铬等合金元素制成铝合金，再经热处理，得到比普通钢强度更高的铝合金，可与特殊钢媲美。这一特性可用于制造桥梁（特别是吊桥、可动桥）、飞机、压力容器、集装箱、建筑结构材料、小五金等。

（3）易于加工。铝的延展性优良，易于挤出形状复杂的中空型材和适于拉伸加工及其他各种冷热塑性成型。这一特性可用于制造受力结构部件框架、一般用品及各种容器、光学仪器及其他形状复杂的精密零件。

（4）美观，适于各种表面处理。铝及其合金的表面有氧化膜，呈银白色，相当美观。如果经过氧化处理，其表面的氧化膜更牢固，而且还可以用染色和涂刷等方法，制造出各种颜色和光泽的表面。这一特性使其可用作建筑用壁板、器具装饰、装饰品、标牌、门窗、幕墙、汽车和飞机蒙皮、仪表外壳及室内外装修材料等。

（5）耐蚀性、耐气候性好。铝及铝合金因为表面能生成硬而且致密的氧化物薄膜，很多物质对它不产生腐蚀作用。选择不同合金在工业地区、海岸地区使用，也会有很优良的耐久性。这一特性使其可用作门板、车辆、船舶外部覆盖材料、厨房器具、化学装置、屋顶瓦板、洗衣机、海水淡化、石油化工、化学药品包装等。

（6）耐化学药品。铝对硝酸、冰醋酸、过氧化氢等化学药品不反应，有非常好的耐药性。这一特性使其可用作化学装置、包装及酸和化学制品外包装等。

（7）导热、导电性好。铝的热导率、电导率仅次于铜，约为钢铁的3~4倍。这一特性可用于制造电线、母线接头、锅、电饭锅、热交换器、汽车散热器、电子元件等。

（8）对光、热、电波的反射性好。铝的反射率为87%~90%，抛光铝对光的反射率为70%，高纯度铝经过电解抛光后为94%，比银（92%）还高。铝对热辐射和电波也有很好的反射性能。这一特性可用于制造照明器具、反射镜、屋顶瓦板、抛物面天线、冷藏库、投光器、冷暖器的隔热材料。

（9）无磁性。铝是非磁性体，这一特性可用于制造船上用的罗盘、天线、操舵室的器具等。

（10）无毒。铝本身没有毒性，它与大多数食品接触时溶出量很微小，同时由于表面光滑、容易清洗，故细菌不易停留繁殖。这一特性可用于制造食具、食品包装、鱼罐、鱼仓、医疗机械、食品容器等。

（11）吸声性。铝对声音是非传播体，有吸收声波的性能。这一特性可用于制造室内天棚板等。

（12）耐低温。铝在温度低时，它的强度反而增加而无脆性，因此它是理想的低温装置材料。这一特性使其可用于冷藏库、冷冻库、南极雪上车辆、氧及氢的生产装置。

（13）高载能。铝的电化学当量为0.3356g/(A·h)，约为锌的1/4，同样质量的铝其放电量约为锌的4倍，而铝的电极电位负于锌，因而能提供更大的功率，是一种很高的能量载体，是开发电池的理想电极材料。现已用于水溶液电解质电池、铝-空气电池、熔盐电池和常温有机熔盐电解质电池等。

如铝-空气电池属于新型高能、高效、无污染的化学电源，其理论比能量可达8.1kW·h/kg，虽目前实际只达到0.35kW·h/kg，但也是铅酸电池的7～8倍、镍氢电池的5.8倍、锂电池的2.3倍。采用铝-空气电池后，能够明显地提高车辆的续驶里程，据资料介绍，美国加利福尼亚州一辆使用铝-空气电池的电动汽车上，有过只更换一次铝电极续驶里程达1600km的记录。而铝-空气电池还具有机械可再充电特点，通过更换铝电极和电解液即可重复使用，操作简便、使用安全，是无电、缺电和充电不便的农村、牧区、海岛、边远地区应急使用的理想电源。

中国在高功率密度电池用铝合金的研制方面也获得了成功，其电池合金的基体金属为99.99%的精铝。据介绍，由国内天津大学李振亚教授发明的电动自行车用铝-空气电池具有质量轻、体积小和使用寿命长等特点。

因此，铝是含量最丰富、产量最大、用途最广且廉价的重要有色轻金属原材料。随着对铝性能的进一步认识和开发，铝的应用前景将会越来越广阔。

第二篇

铝业发展史

第一章 世界铝业发展史

铝元素是在1825年由丹麦人奥尔斯德（H. C. Oersted）使用钾汞齐与氯化铝反应获得铝汞齐，再用蒸馏法除去汞，第一次制得金属铝而发现的。法国人仙克列尔·戴维（H. Sainte Claire Diwill）和俄国人别凯托夫（H. H. Бекетов）于1854年和1865年分别创立了钠法和镁法化学法，1855年法国采用化学法开始进行工业生产，是世界最早生产铝的国家。

1858年法国人德维勒（Deville）提出使用碳酸钠烧结法从铝土矿中提取氧化铝。1880年缪勒（Muller）和1902年佩卡特（Packard）改进了德维勒碳酸钠烧结法，提出了三组分（碳酸钠、石灰和铝土矿）烧结法工艺，较好地实现了铝硅分离和处理品位较低的铝土矿，奠定了碱石灰烧结法生产氧化铝的基础。1887~1889年，奥地利化学家拜耳（Karl Joesf Bayer）发现了在铝酸钠溶液中加晶种析出氢氧化铝、铝土矿与氢氧化钠溶液，其在高压釜中加压加热时矿石中的氧化铝选择性溶解，生成铝酸钠溶液的工艺，构成了拜耳法生产氧化铝的基础。

1886 年，美国人霍尔（Hall）和法国人埃鲁（Héroult）发明了从铝土矿石中提取铝的冰晶石-氧化铝熔盐电解法，与化学法相比，电解法成本低、产品质量好，且可规模化生产廉价的金属铝，故 Hall-Héroult 法一直沿用至今 120 多年。

随着金属铝生产成本的不断降低，19 世纪末，铝逐渐成为仅次于钢铁的第二大金属材料。1901 年人们开始用铝板制造汽车车体，1903 年美国人莱特（Wright）兄弟第一次将铝用于飞机的发动机部件。1906 年德国化学家维尔姆（A. Wilm）发明了硬铝合金，使铝的强度提高了两倍，从而进一步扩大了铝的应用领域。

第二章 中国铝业发展史

第一节 铝土矿勘查

中国铝土矿的普查找矿，最早始于 1924 年日本人对辽宁辽阳、山东烟台地区矾土页岩以及随后中国学者先后对山东、河北、山西、辽宁地区的铝土矿和矾土页岩的地质调查工作。1940 ~ 1945 年，中国学者对西南地区的云、贵、川等地铝土矿、高铝黏土矿进行了地质调查和系统采样工作。

1953 ~ 1955 年期间，原冶金部和地矿部的地质队先后对山东淄博、河南巩县、贵州黔中、山西阳泉白家庄矿区等进行了地质勘探工作。1958 年在铜铝大普查基础上，又发现和勘探了如河南张窑院、广西平果、山西孝义克俄、福建漳浦、海南蓬莱等比较重要的铝土矿矿区。

1998 ~ 2010 年的 12 年中，中国铝土矿勘查投入呈增长趋势，2002 年国土资源部制订了《铝土矿、冶金菱镁矿地质勘查规范》。

第二节 铝土矿开采

中国铝土矿开采最早始于 1911 年日本人对辽宁省复州湾铝矾土矿的开采，1925 ~ 1941 年又对辽宁省辽阳、山东烟台矿区铝土矿进行了开采，但主要用作耐火材料。1941 ~ 1943 年日本人对中国山东淄博铝土矿湖田和沣水矿区的田庄、红土坡矿段进行了开采，将矿石作为炼铝原料。

中国铝土矿大规模开发利用是从 1949 年中华人民共和国成立以后开始的。1953 年山东淄博铝土矿开始建设，1958 年山东铝厂、河南铝厂、贵州铝厂开始建设。为了满足铝土矿的需求，在山东、河南、山西、贵州等省先后建成了张店铝矿、小关铝矿、洛阳铝矿、修文铝矿、清镇铝矿、阳泉铝矿等铝土矿原料基地。

第三节 铝冶炼加工

1949 年 12 月，在原重工业部召开的“全国有色金属会议”上，决定建设山东氧化铝厂、抚顺电解铝厂和吉林炭素厂。1954 年 7 月山东氧化铝厂铝土矿、石灰石采场和氧化铝厂一期工程投产，当时的全国氧化铝产量为 2.66 万吨。1957 年 7 月抚顺电解铝厂在前苏联的援助下，建成投产了 144 台 45kA 侧插自焙阳极电解槽系列，设计产能为 1.5 万吨，并配套 1.1 万吨阳极糊和 2130t 氟化盐产能。1958 年 7 月，抚顺铝厂精铝车间 12 台 6kA 精铝槽建成投产，当年生产精铝 81t。

1955 年引进前苏联技术的吉林炭素厂投产，成为中国炭素制品工业的摇篮。当时的吉林炭素厂产品包括普通阴极炭块、阳极糊和石墨电极，设计年产能力为 2.23 万吨，其中石墨电极为 8000t。

中国铝制品厂最早始于 1919 年，至 1949 年全国铝加工企业不到 10 家，且没有铝挤压和铝锻件企业。1956 年 11 月东北轻合金加工厂建成投产，形成了 2 万吨铝板材、900t 铝管材、3000t 铝型材、1100t 铝棒材、1000t 铝线材的产能。

1951 年 2 月，沈阳铝镁设计研究院建院，1954 年重工业部有色金属工业管理局中南分局设计公司成立，后改名为长沙有色冶金设计研究院，1958 年 11 月，贵阳铝镁设计研究院组建，1963 年洛阳有色金属加工设计研究院成立。之后这些设计单位成为中国铝业最具实力的甲级专业设计企业。

改革开放后，党中央国务院十分重视有色金属工业发展。1983 年中国有色金属工业总公司成立，在国家“优先发展铝工业”方针指导下，中国铝工业进入了一个崭新的发展时期。在氧化铝方面，烧结法、混联法、拜耳法生产工艺先后得以改进提高，1981 年贵州铝厂引进日轻 160kA 预焙阳极铝电解槽生产技术，大大加速了中国电解铝生产工艺创新发展的步伐。1986 年洛阳有色金属加工设计研究院开发了 ϕ360/1100mm × 1400mm 全液压四辊不可逆铝带冷轧机，替代了老式“二人转”热轧机，有力地推动了铝板带箔生产技术的发展。1988 年湘乡铝厂引进了瑞士 Brochot 公司的 1. 5 万吨干法氟化盐装备技术。1992 年贵阳铝镁设计研究院与贵州铝厂成功开发了 186kA 预焙槽技术，标志着中国铝工业自主创新工作的新起点，随后与沈阳铝镁设计研究院等单位相继共同开发应用了 280kA、320kA、240kA、200kA、350kA、400kA、500kA 等系列预焙阳极铝电解槽生产技术。

第四节 中国铝工业的地位

铝是一个国家国民经济持续健康发展必不可少的重要基础原材料之一。统计表明：中国现有 124 个产业中，有 113 个行业使用铝制品，含 101 个物质生产部门的 96 个产业和 23 个非物质生产部门的 17 个产业消耗铝冶炼产品或压延铝制品，其产业关联度高达 91%。历年来，铝消费水平和铝产量同 GDP 的线性相关系数也高于其他有色金属材料，分别高达 0. 933 和 0. 980。铝工业的总资产贡献率在 10% 以上，高于全国工业 9% 的平均水平。

改革开放以来，中国铝工业的工艺与装备技术取得了巨大进步。各类铝产品的产量和消费量也随着建筑、交通、电力、机械、食品五大行业快速增长的拉动而迅速增加，并已成为牵动世界铝工业稳步发展的中坚力量。

2010 年中国各类铝产品在全球的地位如表 2-1 所示。

表 2-1　2010 年中国铝工业各类产品产量在全球的地位　（万吨）

国别	铝资源储量	铝土矿	氧化铝	化学品氧化铝	电解铝	铝材	炭素	再生铝	氟化铝
全球	270 亿吨	21100	8471	473. 8	4042	6665	1550	1003	141
中国	32. 23 亿吨	3145	2896	88. 4	1619	2026	853	400	69
比例/%	11. 94	14. 9	34. 2	18. 7	40. 07	30. 4	54. 0	39. 9	49. 0
地位	第七位	第一位	第一位	第一位	第一位	第一位	第一位	第一位	第一位

目前世界主要国家的原铝人均产量水平统计见表 2-2。

表 2-2　世界主要国家的原铝人均产量水平统计

国　家	全球	德国	美国	日本	中国	印度
人均产量/kg	7	28. 4	21. 2	15	15	1. 3
人均消费/kg	6. 5	38. 2	22. 3	27. 6	14. 7	1. 8

第三篇

铝资源的形成与分布

第一章　铝土矿的形成

铝土矿是炼铝的主要矿石来源。目前全球铝土矿主要用于金属铝的冶炼，其消耗量占全世界铝土矿总产量的90%以上。铝土矿的非金属用途主要是作为耐火材料、研磨材料、化学制品及高铝水泥等的原料。

铝土矿一般呈白色或因杂质呈浅灰、浅绿、浅红色，硬度2.5～3.5，密度2.30～2.43g/cm^3，具泥土臭味。铝土矿主要由含铝硅酸盐经分解和水解而成。热带和亚热带气候有利于形成三水铝石，在区域变质作用中，三水铝石经脱水可转变为软水铝石、硬水铝石（140～200℃），随着变质程度的增高，可转变为刚玉。

铝土矿按矿物成分可分为三水铝石（图3-1）、一水软铝石和一水铝土矿硬铝石，按矿床类型可分为红土型、岩溶型和沉积型。红土型铝土矿储存于硅酸盐岩上的新生代矿床中，多分布在热带和亚热带地区，矿床规模大、品位佳，以三水铝石为主，储量约占全球总储量的86%，是炼铝工业

图 3-1　三水铝石

的优质原料。岩溶型铝土矿储存在碳酸盐岩上的古生代矿床中，主要分布在南欧、加勒比海地区和亚洲北部地区，铝含量和硅含量高，多为一水软铝石，或与一水硬铝石的混合型矿，储量约占总储量的 12%。沉积型铝土矿储存在陆原岩上的古生代（或中生代）齐赫文型矿床中，多分布于东中欧和中国，矿床规模小，储量少，以一水硬铝石为主，储量约占总储量的 2%。

第二章　世界铝土矿资源与分布

世界铝土矿资源极为丰富，遍及五大洲 40 多个国家。据美国地质调查局估计，全球铝土矿资源总量约 550 亿～750 亿吨，其中非洲 160 亿～200 亿吨，大洋洲 70 亿～100 亿吨，南美洲 190 亿～250 亿吨，亚洲 80 亿～130 亿吨，加勒比海地区 20 亿～30 亿吨，欧洲 30 亿～40 亿吨。截至

2008年底，世界铝土矿源储量为270亿吨，储量基础为380亿吨，其中几内亚74亿吨、澳大利亚58亿吨、越南21亿吨、巴西19亿吨、牙买加20亿吨、印度7.7亿吨和圭亚那7亿吨，储量居世界前7位，合计约占世界总储量的76.6%。按年铝矿开采规模2.11亿吨计，现有铝土矿储量可满足128年以上的开采需要，这还不包括其他含铝矿物储量。因此，全球铝工业资源的保证程度很高。

除中国外，其他国家大多为铝硅比较高、容易加工处理的三水铝石。表3-1为世界主要铝土矿生产国的铝土矿的化学成分及矿石类型。

表3-1　世界主要铝土矿生产国的铝土矿的化学成分及矿石类型

序号	国家	Al_2O_3 含量/%	SiO_2 含量/%	Fe_2O_3 含量/%	TiO_2 含量/%	Li_2O 含量/%	矿石类型
1	澳大利亚	25~58	0.5~38	5~37	1~6	15~28	三水铝石，一水软铝石
2	几内亚	40~60.2	0.8~6	6.4~30	1.4~3.8	20~32	三水铝石，一水软铝石
3	巴西	32~60	0.95~25.8	1.0~58.1	0.6~4.7	8.1~32	三水铝石
4	越南	44.4~53.2	1.6~5.1	17.1~22.3	2.6~3.7	24.5~25.3	三水铝石为主
5	牙买加	45~50	0.5~2	16~25	2.4~2.7	25~27	三水铝石
6	印度	45~80	0.3~18	0.5~25	1~11	20~30	三水铝石
7	圭亚那	50~60	1~8	17~26	2.5~3.5	13~27	三水铝石
8	中国	50~70	9~15	1~13	2~3	13~15	一水硬铝石

第三章 中国铝土矿资源与分布

2008 年，中国累计查明铝土矿资源储量为 32. 23 亿吨，根据国土资源部《2011 年中国矿产资源报告》，2010 年中国铝土矿查明资源储量为 37. 5 亿吨。

近年来中国查明的铝土矿资源储量见表 3-2。

表 3-2 近年来中国铝土矿查明资源储量统计表 （亿吨）

年 份	查明资源储量			累计查明资源储量	
	总 计	基础储量		总 计	其中：基础储量
		合 计	储 量		
2001 年	24. 71	6. 74	5. 06	26. 01	7. 78
2002 年	25. 03	7. 16	5. 39	26. 18	8. 11
2003 年	25. 45	6. 95	5. 32	26. 75	7. 95
2004 年	25. 47	7. 04	5. 54	31. 46	7. 04
2005 年	26. 58	7. 31	5. 55	28. 04	8. 50
2006 年	27. 76	7. 42	5. 42	29. 45	8. 79
2007 年	29. 08	7. 51	5. 53	30. 94	8. 85
2008 年	31. 31	7. 35	5. 29	32. 23	8. 73

中国铝土矿资源储量分布在20个省区，主要集中在山西、河南、广西壮族自治区和贵州4个省区。2008年中国查明的铝土矿资源储量主要分布省份见表3-3。

表3-3　2008年中国查明的铝土矿资源储量主要分布省份（亿吨）

省　份	山西省	河南省	广西壮族自治区	贵州省	合　计	占全国比例/%
资源储量	9.95	6.96	5.10	5.10	27.11	86.6
基础储量	1.15	2.03	1.35	2.05	6.58	89.5

另外，重庆、云南、山东、河北、四川、海南、陕西、湖北、辽宁、湖南等省市也有一定的资源储量，但仅占全国总储量的不到15%。

中国铝土矿的矿床以沉积型为主，矿石中 Al_2O_3 的平均品位在50%~70%，但质量偏低。70%铝土矿的铝硅比（A/S）约在4~6之间，铝硅比为大于10、10~7、7~4、小于4范围的铝土矿资源储量比例大约为1∶6∶15∶2。而且储量占全国总储量98%以上的均为难溶的一水硬铝石，集中分布在山西、河南、贵州、广西等地，属于高铝、高硅、低铁、难溶矿石。而易于开采和易溶的三水铝石仅占储量的1.6%，主要分布在广西和福建。

中国铝土矿矿石的平均化学成分如表3-4所示。

表 3-4　中国铝土矿矿石的平均化学成分

矿石种类	Al_2O_3 含量 /%	SiO_2 含量 /%	Fe_2O_3 含量 /%	A/S	备　注
一水硬铝石铝土矿	61.97	10.37	7.73	5.98	平均值
	63.09	11.08	5.54	5.69	原始沉积
	54.97	5.96	20.47	9.22	次生堆积
三水铝石铝土矿	44.47	8.09	20.47	5.50	红土型

第四章　中国高铝煤炭资源

随着中国铝土矿资源的日趋紧缺以及矿石品质呈下降趋势，近年来中国率先加强了非铝土矿资源，特别是高铝煤炭资源的勘查和开发利用工作。

由于特殊的地质成矿背景，内蒙古中西部和山西北部等地区，在晚古生代煤层及夹矸中赋存大量一水软铝石和高岭石等富铝矿物，形成了煤铝共生矿产资源，原煤中 Al_2O_3 含量高达9%~13%，含铝矿物与煤层同时沉积形成了宝贵的高铝煤炭资源。

截至2008年底，中国已探明高铝煤炭资源储量319亿吨。其中，内蒙古自治区237亿吨、山西省76亿吨、宁夏回族自治区6亿吨。高铝煤炭燃烧后产生的粉煤灰中氧化铝含量高于普通粉煤灰，可达40%～51%。初步预测，中国高铝煤炭远景资源量约1000亿吨，富含氧化铝100亿吨，已逐步成为中国特有的具有资源化综合利用价值的含铝非铝土矿资源。

国内外燃煤火电厂副产品粉煤灰的Al_2O_3平均含量比较见表3-5。

表3-5 国内外火电厂粉煤灰的Al_2O_3平均含量比较

国 别	中国	日本	美国	英国	法国	德国	俄罗斯	波兰
Al_2O_3含量/%	27.10	25.86	20.81	26.99	25.89	24.93	25.97	32.39

不同类型煤质燃烧后所得粉煤灰的化学组成见表3-6。

表3-6 不同类型煤质燃烧后所得粉煤灰的化学组成

化学组成	烟 煤	亚烟煤	褐 煤
Al_2O_3含量/%	5～35	20～30	10～25
SiO_2含量/%	20～60	40～60	15～45
Fe_2O_3含量/%	10～40	4～10	4～15

国内燃煤火电厂高铝粉煤灰与铝土矿的化学组成比较见表3-7。

表 3-7 内蒙古准格尔电厂高铝粉煤灰与河南高岭石型一水硬铝石主要化学组成

物 料	Al_2O_3 含量/%	SiO_2 含量/%	Fe_2O_3 含量/%	TiO_2 含量/%	CaO 含量/%	MgO 含量/%	Na_2O 含量/%	K_2O 含量/%
粉煤灰	50. 84	39. 87	0. 93	0. 69	1. 75	0. 15	0. 12	0. 47
铝土矿	62. 77	14. 40	2. 80	3. 20	0. 77	0. 21	0. 11	0. 56

由表 3-7 可知，高铝煤炭资源燃烧后的粉煤灰中氧化铝含量可与铝土矿媲美。但由于其铝硅比远低于铝土矿，一般不宜采用拜耳法提取粉煤灰中的氧化铝。

第四篇

铝勘查与采选技术装备

第一章　铝土矿勘查技术与装备

第一节　铝土矿勘查技术

铝土矿勘查的技术手段主要包括如下五种：

（1）地质调查法。通过1∶50000地质填图（路线穿越、剖面测量）、样品采集与测试分析，清理测区地层、岩性、构造特征，初步圈定含矿岩系等，为找矿“靶区”选择提供依据。

（2）化学探矿法。以地球化学理论为基础，以现代分析技术和信息技术为主要手段，从各种天然物质（如岩石、土壤、水系、沉积物、植物、水和空气等）中系统采集样品，分析测试样品中某些地球化学特征数值（如指示元素的含量，元素比值等），对获得的数据进行分析处理，以便发现地球化学异常，并通过对地球化学异常的解释评价找矿方法。

常用的化学探矿法有岩石地球化学测量、土壤地球化学测量、水系沉积物地球化学测量、植物地球化学测量、气体及水化学测量等。

（3）物理探矿法。是以各种岩石和矿石的密度、磁性、电性、弹性和放射性等物理性质的差异为研究对象，采用不同的物理方法和仪器，探测天然的或人工的地球物理场的变化，发现物探异常，通过解释评价物探异常的找矿方法。

常用的物理探矿方法有磁法勘查、电法勘查、重力勘查、地震勘查和放射性物探等。

（4）遥感地质测量法。应用遥感技术从空中遥测地球表面取得地质信息，以各种地质体和某些地质现象对电磁波辐射的反应作为基本依据，综合其他已有各种地质资料，分析判断一定地区内的地质构造和矿产情况，为找矿提供依据。

（5）工程揭露法。通过各种探矿工程（槽、井、钻、坑等）揭露各种地质体（特别是矿体）和地质现象，并实施测量和采集样品测试，查明矿区的地形地质特征、矿体特征、矿石技术加工性能和开采技术条件，编制矿产资源储量报告。

第二节 铝土矿勘查装备

一、找矿技术装备

找矿技术装备水平的提高是实现地质找矿成功的关键，它涉及众多技术方法和手段，如物探、钻探、化探、遥感等

多学科实用科学技术手段。深部地质找矿更是科学预测理论和工程技术密切结合的结晶。铝土矿找矿技术装备主要有:

(1) 地质三宝(铁锤、罗盘、放大镜);

(2) 全球定位系统,对地观测卫星、低空航测系统和遥感地面接收站技术;

(3) 计算机数字化填图技术,高精度、高分辨率物化探调查技术;

(4) 数字地震台网深部地球物理探测技术和深部钻探技术;

(5) 地理信息系统,虚拟、网络、可视化技术;

(6) 微区原位分析技术、高温高压实测技术、野外现场快速测试技术。

二、探矿技术装备

中国探矿工程技术装备的进步主要体现在岩心钻机的钻进能力和钻进效率有大幅提升,其中2000m以内全液压动力头地质岩心钻机已形成系列,立轴式钻机钻进深度达到了3000m。钻探器具质量和寿命也有了极大提高。

三、测试技术装备

铝土矿测量技术装备包括经纬仪、水准仪、平板仪、全站仪、GPS、测斜仪、气压仪等。样品测试技术装备包括样品加工制备设施、鉴定(各种偏光显微镜、实体显微镜)及化验设施等。

中国利用遥感技术对广西三水型铝土矿矿床进行了综合成矿预测及资源总量估算研究。利用遥感影像简单圈定了桂西铝土矿的找矿有利地段，利用ETM影像对广西平果地区堆积型铝土矿进行了遥感信息提取研究，成功提取了平果地区堆积型铝土矿的矿化信息。利用ETM、SPOT卫星多光谱数据，通过信息增强、三维显示及地质分析，获得了21个预测区，经过验证有60%工程见矿。

第二章 铝土矿采选技术与装备

第一节 铝土矿采选技术

一、矿床赋存特点

铝土矿开采分露天开采和地下开采两种方式。中国适用于露天开采的堆积型铝土矿矿床和少量的沉积型铝土矿矿床基本开发完毕，而大量的沉积型铝土矿矿床将采用地下开采。据统计，中国适合露天开采的铝土矿资源储量仅约三分之一。

中国铝土矿的分布面积广，但特大型矿床少。矿床的赋存特点如下：

（1）矿体多为缓倾斜，呈层状，薄矿体居多，底板起伏大，价值低；

（2）部分矿床发现煤线或与煤共、伴生；

（3）多数铝土矿顶底板岩石为黏土岩、铁质页岩、炭质页岩，稳固性差；

（4）矿床大多埋藏得较浅，其出露或浅部资源大多存在盗采现象，留有大量采空区，易发生突水涌泥安全事故；

（5）矿床水文地质条件一般比较复杂，地面有河流或间接顶底板为含水层；

（6）高品位的铝土矿越来越少，需要选矿的铝土矿越来越多。

铝土矿赋存特点模型如图 4-1 所示。

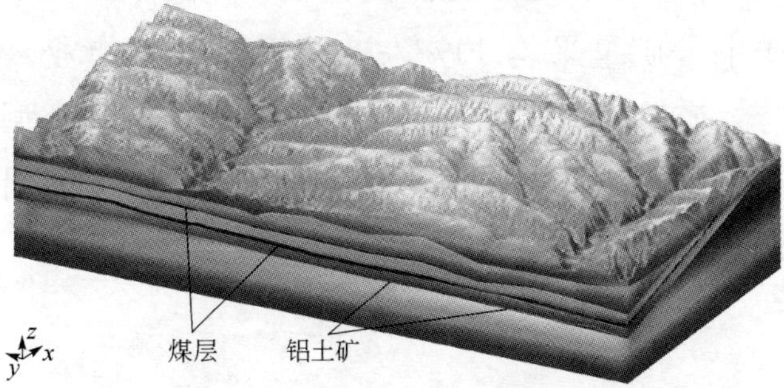

图 4-1　铝土矿赋存特点模型

二、露天开采技术

（一）沉积型矿床露天开采

沉积型矿床的一般特点是：覆盖层比较厚，剥离量大，矿岩大都需要穿孔爆破，所采用的剥离工艺可分为两种：(1) 挖掘机（装载机)-汽车剥离工艺。一般采用传统的台阶分层推进；（2）松土机-铲运机剥离工艺。采用由上到下逐层剥离、松土机助推、铲运机铲装运输岩土到废石场自动水平铺洒排卸方式。

由于液压挖掘机-汽车工艺的灵活性高，已基本取代了松土机-铲运机剥离工艺。清顶和采矿工艺主要采用挖掘机（装载机）铲装、汽车运输的铲运工艺。

（二）堆积型矿床露天开采

堆积型矿床的特点是：覆盖层薄，平均小于1m，有的矿体直接出露地表而无需剥离；矿体产状平缓，赋存于洼地、谷地、台地或缓坡地带，矿体厚度变化较大，平均厚度一般4～6m；矿层由土红色沙质黏土和粒度不等的铝土矿组成，原矿中含矿量平均40%左右，无需爆破作业，机械可直接铲装；矿体底板有黏土底板和灰岩底板两种类型。剥离采用大型推土机推运、装载机辅助堆积。图4-2为铝土矿露天开采场的照片。

图4-2 铝土矿露天开采场

开采工艺主要有液压反铲-铰接式汽车、松土机-铲运机、推土机-装载机-铰接式汽车3种。目前主要以液压反铲-

铰接式汽车、条带式推进的开采工艺为主，可实现剥离-采矿-复垦一体化开采。

三、铝土矿地下开采技术

铝土矿地下开采技术包括平硐开拓、斜井开拓、竖井开拓、斜坡道开拓以及其组合的联合开拓。常用的几种采矿方法介绍如下。

（一）壁式崩落采矿法

铝土矿顶底板工程一般地质条件较差，最早的采矿方法为壁式崩落法，与煤矿早期采矿方法相同。由于顶板二氧化硅混入量大，采出铝硅比大幅降低，不利于后期处理工艺，因此该采矿方法目前已经基本淘汰。

（二）留护顶矿壁的全面采矿法和房柱采矿法

为提高采出铝硅比，大多数矿山采用留护顶矿壁的空场采矿法，即留护顶矿壁的全面采矿法和房柱采矿法。此方法可以很好地解决顶板二氧化硅混入量大的问题，但回采率低。全面采矿法一般用于开采厚度小于5m的矿体，国内大部分矿山用其开采厚度小于3m的矿体。房柱采矿法一般用于开采厚度小于8m的矿体，国内大部分矿山用其开采厚度5～6m的矿体，采用分层开采。

（三）锚杆护顶的机械化全面采矿法和房柱采矿法

该法可以解决顶板二氧化硅混入量大、回采率低的问题，但需要配合机械化流水线，成本高，只在大规模开采时才能应用。图4-3为机械化房柱采矿法示意图。

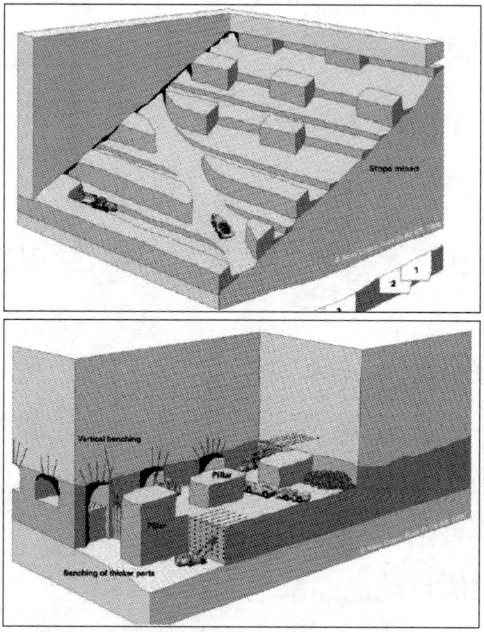

图4-3 机械化房柱采矿法

（四）锚杆护顶预切顶中深孔房柱法

对厚度不小于8m的矿体，一般采用预切顶中深孔房柱法进行开采，切顶层利用锚杆护顶。

（五）综采工艺

为了提高铝土矿开采强度，实现连续开采，对于矿石极限抗压强度不大于50MPa的铝土矿可以借鉴煤矿的综采开采工艺。该工艺目前正在进行试验研究。

（六）对于倾斜矿体采用留矿全面法

对于急倾斜矿体采用浅孔留矿法或小分段空场法、小分段崩落法。

四、铝土矿洗矿技术

（一）洗矿工艺

根据矿石化学成分和矿石结构、构造及黏土类型等，确定洗矿工艺及技术。

对含泥量高的铝土矿原矿，可以采用洗矿工艺脱除矿石中的含泥黏土及细粒级二氧化硅矿物，从而提高铝矿石的品位及铝硅比。典型铝土矿洗矿工艺流程简图如图 4-4 所示。

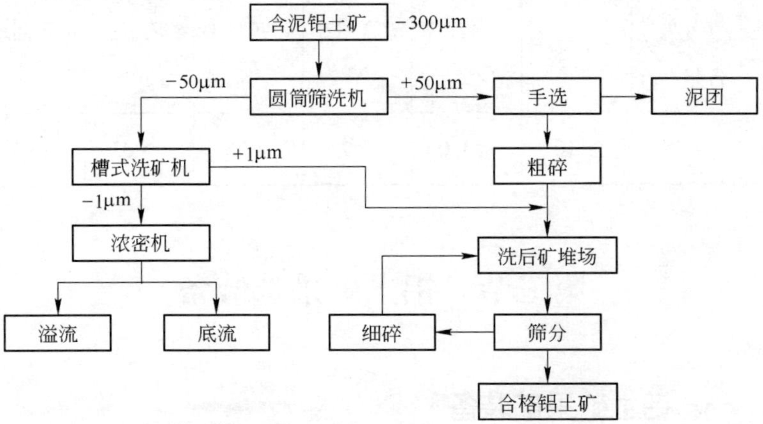

图 4-4 典型铝土矿洗矿工艺流程简图

矿石采用圆筒筛洗机和槽式洗矿机进行洗矿，圆筒筛筛上产物经手选去泥团后粗碎；筛下产物入槽式洗矿机洗矿分级后，为进一步提高槽洗返砂的洗矿效果，降低产品含泥率及有机物含量，槽洗机返砂又送至直线振动筛及螺旋分级机进行精洗脱泥脱水和溢流浓缩脱水。

（二）配矿

根据氧化铝冶炼工艺对铝土矿的质量要求以及矿石质量变化特征，除对地质、采矿进行质量控制外，选矿应根据供矿条件进行配矿和分存。

（三）洗矿达到的工业指标

根据铝厂对铝土矿的质量要求，矿山 1mm 粒级及以上矿石应回收为矿，而 1mm 粒级以下矿石作为尾矿和矿泥。

洗矿工艺较为先进的技术经济指标见表 4-1。

表 4-1　铝土矿矿山的选矿工艺技术经济指标

项目	Al_2O_3 含量/%	A/S	矿含泥率/%	矿含水率/%	矿回收率/%	矿石粒度/mm	选矿回水率/%
指标	≥55	≥10	≤3.0	≤7	≥96	≥ +0.3	80

第二节　铝土矿采选装备

一、铝土矿采矿装备

（一）露天开采装备

国内铝土矿露天矿山单个矿区的规模都较小，矿层较薄，矿体连续性较差，因而露天开采装备在确保经济性的同时，还要有较好的灵活性。

应用于沉积型矿床露天开采的主要装备包括：潜孔钻机、挖掘机、铲运机等主辅设备。应用于堆积型矿床露天开采的主要装备为反铲挖掘机。

（二）地下开采装备

国内铝土矿地下开采装备主要包括：常规浅孔开采设备，如浅孔凿岩机、电耙绞车；常规中深孔开采设备，如导轨式凿岩机；机械化开采设备，如单臂凿岩台车或双臂凿岩台车、铲运机等顶板处理采用锚杆台车等机械设备。图 4-5 为地下机械开采的照片。

图 4-5　地下机械开采

二、铝土矿选矿装备

铝土矿的选矿设备主要包括：充气式深槽浮选机、圆筒筛洗机、直线筛、槽式洗矿机、圆筒擦洗机、破碎机、圆振动筛、高效浓密机等。图 4-6 为高效浓密机的照片。

图 4-6　高效浓密机

第五篇

铝冶炼与加工技术装备

第一章　氧化铝冶炼技术与装备

第一节　工业氧化铝分类

氧化铝，化学式为 Al_2O_3，相对分子质量 101.96，白色粉末。自然形态的氧化铝又称刚玉，主要成分是 α-Al_2O_3，是一种桶状或锥状的三方晶体，有玻璃光泽或金刚光泽，密度 3.9～4.1g/cm^3，硬度 9，熔点(2000±15)℃，不溶于水，也不溶于酸和碱，耐高温。

氧化铝有多种变体，共有 χ、ρ、η、γ、κ、δ、β、α 八种晶型，最常见的有 α-Al_2O_3 和 γ-Al_2O_3，其中 γ-Al_2O_3 因生成温度低，为多孔性高分散度的固体物质，其比表面积和孔隙率大，活性高，为活性氧化铝；α-Al_2O_3 的比表面积低，具有一定的惰性。

冶金级氧化铝按产品的物理特性，可分为砂状型、中间型和粉型三种。冶金级氧化铝的分类和特性见表 5-1。

表 5-1 冶金级氧化铝的分类和特性[3]

特性 \ 分类	砂状型	中间型	粉型
通过 45μm 筛网的粉料/%	<12	12~20	20~50
平均粒度/μm	80~100	50~80	50
安息角/(°)	30~35	35~40	>40
比表面积/$g \cdot cm^{-2}$	>45	>35	2~10
密度/$g \cdot cm^{-3}$	<3.70	<3.70	<3.90
容积密度/$g \cdot cm^{-3}$	>0.85	>0.85	>0.75
$w(\alpha\text{-}Al_2O_3)$/%	10~15	30~40	80~90

第二节 氧化铝生产工艺

氧化铝是电解炼铝的主要原料，其消耗量约占氧化铝产量的 90% 以上。

氧化铝生产方法大致可分为碱法、酸法、酸碱联合法和热法四类。目前工业上基本采用碱法。碱法又分烧结法、拜耳法及拜耳-烧结联合法等多种生产工艺。

氧化铝生产方法的选择，应根据铝土矿的质量、建设规模和综合利用等因素，经全面技术经济比较后确定。对于中国的一水硬铝石型铝土矿，不同生产方法适宜处理的铝土矿氧化铝含量和铝硅比（铝土矿中氧化铝与氧化硅的质量比，通常以 A/S 表示）见表 5-2。

表 5-2　铝土矿的氧化铝含量和铝硅比

生产方法	拜耳法	烧结法	联合法
Al_2O_3 含量/%	>50	>55	>50
铝硅比值（A/S）	>7	>3.5	>4.5

注：1. 联合法的铝土矿铝硅比值大于 4.5 主要针对混联法而定。采用串联法时，铝硅比值可适当降低。

2. 拜耳法的铝土矿铝硅比值大于 7，主要针对常规拜耳法而定。当采用选矿拜耳法或石灰拜耳法时，铝硅比值可根据实际试验数据，比较技术经济后确定。

对于三水铝石型铝土矿，一般采用拜耳法生产工艺，其氧化铝含量及铝硅比不受表 5-2 的限制。

一、烧结法

烧结法的原理是：在铝土矿中配入石灰及含大量碳酸钠的碳分母液，高温烧结获得含固态铝酸钠的熟料，再用水或稀碱液溶出，将不溶残渣（由于被氧化铁染成红色，故称为赤泥）分离后，得到铝酸钠溶液，而赤泥则经洗涤达到环保要求后排入赤泥堆场堆存。脱硅后的纯净铝酸钠溶液，用碳酸化分解法使溶液中的氧化铝生成氢氧化铝析出，经分离、洗涤和焙烧后得到氧化铝，碳分母液经蒸发后返回用于配制生料浆循环使用。

烧结法生产氧化铝的工艺流程如图 5-1 所示。

烧结法的主反应式为：

（1）熟料烧成：

$$Al_2O_3 + Na_2CO_3 \longrightarrow 2NaAlO_2 + CO_2\uparrow$$

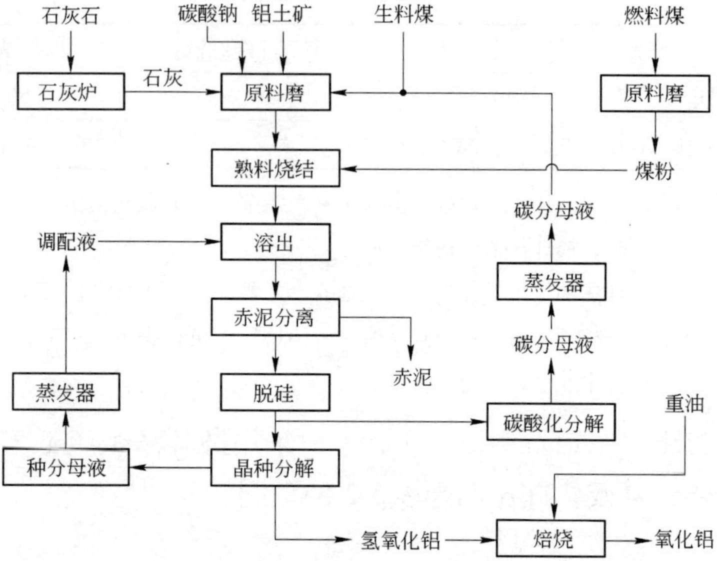

图 5-1 烧结法生产氧化铝工艺流程简图

熟料中的主要成分是 $NaAlO_2$、$NaFeO_2$、$2CaO \cdot SiO_2$。

（2）熟料溶出：

$$NaAlO_2 + 2H_2O = NaOH + Al(OH)_3 \downarrow$$

溶出液中含 $NaAlO_2$、$NaOH$、Na_2SiO_3；固相沉淀中含 $CaCO_3$、$2CaO \cdot SiO_2$、$Fe(OH)_3$、$Al(OH)_3$、$Na_2O \cdot Al_2O_3 \cdot 2SiO_2 \cdot 2H_2O$。

（3）粗液脱硅：当溶液加热时，生成不溶性的固态化合物，进而分离出硅来。

$$2Na_2SiO_3 + 2NaAlO_2 + 4H_2O = Na_2O \cdot Al_2O_3 \cdot 2SiO_2 \cdot 2H_2O \downarrow + 4NaOH$$

（4）碳酸化分解：

$$2NaOH + CO_2 \xlongequal{} Na_2CO_3 + H_2O$$

$$NaAlO_2 + 2H_2O \xlongequal{} Al(OH)_3\downarrow + NaOH$$

碱石灰烧结法的特点是：能有效处理铝硅比在3~5的高硅铝土矿及其他炼铝矿石，如霞石、明矾石等，还可用于处理高铝粉煤灰和拜耳法赤泥，并同时制取氧化铝、钾肥和水泥等产品，利于实现原料的综合利用。该方法用廉价的碳酸钠补碱，但建厂投资较大，工艺能耗和生产成本高，且产品质量相对较低。

二、拜耳法

拜耳法生产氧化铝的原理主要包括两个过程：一个是Na_2O与Al_2O_3的分子比为1.8的铝酸钠溶液，在常温下，只要添加氢氧化铝作晶种并不断搅拌，溶液中的Al_2O_3便可以以氢氧化铝形式徐徐析出，直到溶液中的$Na_2O : Al_2O_3$的分子比提高到6为止。这就是铝酸钠溶液的晶种分解过程。另一个是已经析出了大部分氢氧化铝的溶液，在加热时，又可以溶出铝土矿中的氧化铝水合物，这就是利用种分母液溶出铝土矿的过程。交替使用这两个过程就能够一批批地处理铝土矿，从中得出纯的氢氧化铝产品，构成拜耳法循环。拜耳法的实质就是下列反应在不同条件下的交替进行：

$$Al_2O_3\cdot(1或3)H_2O + 2NaOH \underset{分解}{\overset{溶出}{\rightleftharpoons}} 2NaAl(OH)_4$$

拜耳法生产工艺过程为：铝土矿与一定量的苛性碱溶液（循环母液）一起在磨机中进行研磨，磨好后的铝土矿浆用蒸汽或其他热源加热到溶出温度后进行保温溶出，在此过程中碱与矿石中的氧化铝反应成为铝酸钠溶液，而矿石中的铁、钛等杂质和大部分硅成为不溶解的化合物留在溶出后的浆液中。溶出后的矿浆经稀释后送入赤泥分离及洗涤工段，矿浆中不溶解的化合物（由于被氧化铁染成红色，故称为赤泥）与铝酸钠溶液分离，经洗涤达到环保要求后排入赤泥堆场堆存。分离后得到的铝酸钠溶液，经控制过滤得到纯净的铝酸钠精制液，用加晶种分解的方法，使溶液中的氧化铝成为氢氧化铝结晶析出。分解析出的氢氧化铝（含 3 个结晶水的氧化铝）经分离及洗涤（洗去氢氧化铝固体附着的碱）后，用焙烧的方法（焙烧温度约 1200℃）脱出氢氧化铝的结晶水即得到氧化铝成品。分解母液经蒸发后则循环使用处理另一批铝土矿。拜耳法生产氧化铝的工艺流程如图 5-2 所示。

拜耳法的特点为：流程简单，投资省，能耗低，产品质量好，但只有在处理铝硅比较高（≥7）的矿石时，经济效益才佳。现代拜耳法的主要发展趋势是设备大型化、生产过程自动化、节能降耗、生产优质砂状氧化铝产品。图 5-3 为 160 万吨/年产能拜耳法氧化铝厂实景图。

三、联合法

将拜耳法和烧结法联合起来，处理铝硅比在 4～6 范围的铝土矿，充分发挥各方法的长处，即所谓的联合法。联合法的最大优点是矿石中氧化铝的总回收率高，缺点是流程长，能耗高。

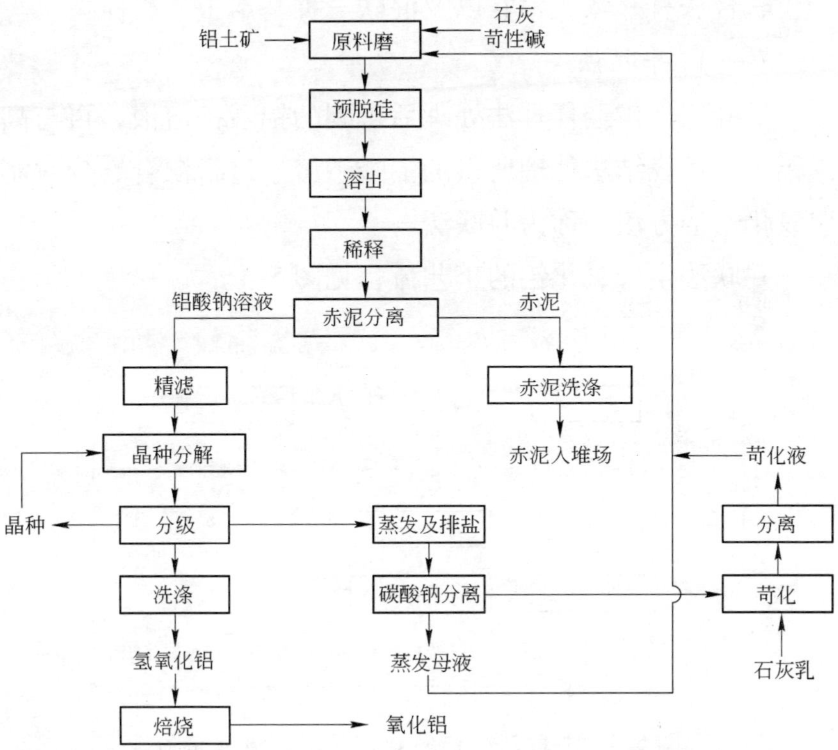

图 5-2　拜耳法生产氧化铝工艺流程简图

图 5-3　160 万吨/年产能拜耳法氧化铝厂实景图

联合法有并联、串联以及混联三种基本工艺流程。

（一）并联法

低硅铝土矿经拜耳法处理后得到的铝酸钠溶液，再与高硅铝土矿用烧结法处理所得的铝酸钠溶液进行混合、分解制取氧化铝的方法，称为并联法。

并联法生产氧化铝的工艺流程见图5-4。

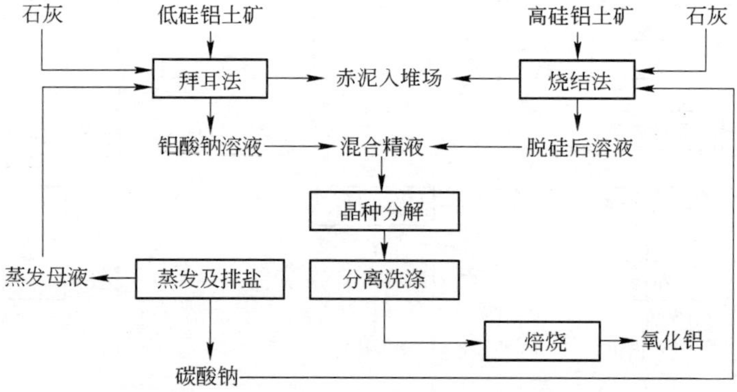

图5-4 并联法生产氧化铝的工艺流程简图

并联法的优点是：在处理优质铝土矿的同时，可以处理低品位铝土矿，充分利用所在地区的矿石资源；生产过程中全部的碱损失可以用价格相对较低的碳酸钠进行补充，比用苛性碱补碱要经济。不足之处是工艺流程复杂，拜耳法系统的生产受到烧结法系统的影响和制约。

（二）串联法

铝土矿经拜耳法处理得到的赤泥，再用烧结法处理，进一步提取其中的氧化铝和碱，再将所得铝酸钠溶液并入拜耳法系统的氧化铝生产方法，称为串联法。串联法生产氧化铝的工艺流程见图 5-5。

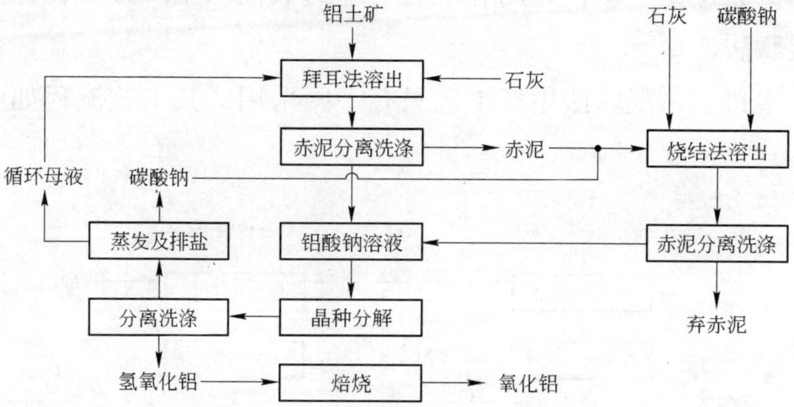

图 5-5　串联法生产氧化铝工艺流程简图

对于中等品位（铝硅比为 4～7）的铝土矿，采用串联法往往比烧结法有利，因大部分氧化铝可用投资及成本较低的拜耳法生产，而烧结法处理量较小，使串联法的生产能耗及成本降低；且矿石经拜耳法和烧结法两次处理后，氧化铝的总回收率提高，碱耗较低。串联法的缺点是拜耳法赤泥的烧结较困难，当矿石中氧化铁含量低时，还存在烧结法系统供碱不足的问题，拜耳法和烧结法两大系统的平衡和整个生产的均衡稳定相对较难维持。

（三）混联法

当铝土矿中氧化铁的含量较低时，串联法中的烧结法系统供碱不足。解决这个问题的方法之一是在拜耳法赤泥中加入一部分低品位矿石进行烧结，添加矿石使熟料铝硅比提高，也使炉料的熔点提高，烧成温度范围变宽，从而改善了烧结过程。这种将铝土矿经拜耳法处理得到的赤泥配入适量的低品位铝土矿，再用烧结法处理的氧化铝生产方法，称为混联法。

目前，混联法生产工艺只有中国采用，其工艺流程如图5-6所示。

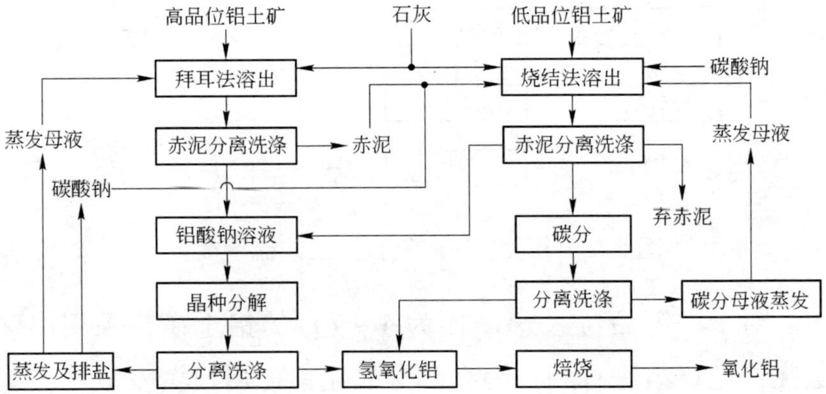

图5-6 混联法生产氧化铝工艺流程简图

混联法除了具有并联法与串联法的一些优点外，还解决了用纯串联法处理低铁铝土矿时补碱不足的问题；提高了熟料的铝硅比，改善了烧结过程，又合理地利用了低品位矿石，是处理高硅低铁铝土矿的有效方法，其氧化铝总回收率达到90%以上，产品质量好。主要缺点是：流程长，设备繁多，控制复杂，投资较大。

四、氧化铝生产能耗指标

中国铝土矿以难溶的一水硬铝石型为主，溶出温度约260℃，国外铝土矿以易溶的三水铝石型为主，其溶出温度

140～150℃。可见，铝资源的特点导致中国氧化铝生产的能耗比国外要高。国内外氧化铝厂的能耗指标见表5-3。

表5-3　国内外氧化铝厂的生产总能耗指标比较

名　称	国内外氧化铝厂			
工厂类型	美洲	欧洲	澳洲	中国（2011年）
总能耗（标煤）/$kg \cdot t^{-1}$	375	397	405	591

第三节　氧化铝生产主要辅助原料

碱法生产氧化铝，是用碱处理铝矿石，使矿石中的氧化铝变成可溶于水的铝酸钠，再向铝酸钠溶液中加入晶种，将铝酸钠溶液进行分解即可析出氢氧化铝。所使用的原料碱可分为纯碱与苛性碱。

一、纯碱

纯碱，即为碳酸钠，俗名苏打，分子式为Na_2CO_3，是纯度为98%的碳酸钠固体，普通情况下为白色粉末，为强电解质，密度为2.532g/cm^3，熔点为851°C，易溶于水，具有盐的通性。

二、苛性碱

苛性碱是碱金属及一价银、一价铊对应氢氧化物的统称，比如氢氧化钠（NaOH）、氢氧化钾（KOH）等，一般称苛性钠和苛性钾。它们的水溶液或其他溶液对皮毛、皮肤、纸张等有强烈的腐蚀作用，因而有苛性之称。

在氧化铝生产中，用苛性碱（NaOH）在高温下浸出铝土矿，使矿石中的铝与苛性碱反应成为铝酸钠溶液。苛性碱一般是指苛性钠，是铝酸钠溶液中与 Al_2O_3 结合成 $NaAlO_2$ 的 Na_2O 和以 NaOH 形式存在的 Na_2O 的总称，简写为：Na_2O_K。

第四节 氧化铝生产技术装备

氧化铝生产流程复杂，工序繁多，主要生产工序段包括：溶出、赤泥处理、分解、焙烧、蒸发工段。

一、拜耳法溶出的主要技术装备

溶出是氧化铝生产的主要工序，不同的生产方法采用的溶出工艺也不相同。好的溶出方法能有效提高溶出效率、氧化铝回收率和循环效率。

拜耳法生产主要采用高压溶出工艺，包括管道化溶出、压煮器溶出和双流法等溶出技术。烧结法生产采用的是常压溶出工艺，主要是熟料溶出技术。

（一）管道化溶出技术

早在 20 世纪 30 年代便有人提出了管道溶出器的设想，即让高温料浆流经夹层套管的外层，将在内管中反向流动的原矿浆预热并溶出。到了 20 世纪 60 年代，德国 VAW 公司采用管式预热器和管式反应器溶出一水软铝石矿取得成功，形成了管道化溶出技术。

该方法的矿浆预热和溶出均在管道内进行，溶出的主要设备是管道加热器。管道化溶出系统的照片见图 5-7。

图 5-7 管道化溶出系统

（二）管道预热加保温停留罐溶出技术

提高溶出温度和矿浆搅拌强度可以强化溶出过程，对三水铝石和一水软铝石型铝土矿来说，提高溶出温度到 280～300℃可缩短溶出时间，因此矿浆的预热和溶出均可在管道中进行。一水硬铝石矿浆加热到溶出温度（260～280℃）后，仍需保温 40～60min 才能彻底溶出，若采用管道化溶出，不仅矿浆的预热管道较长，且保温溶出所需的管道也很长，这使得管道阻力损失增大，溶出喂料泵的能耗也将大幅增加。同时，矿石中的钛、镁等矿物析出后，易结疤沉积在管壁上，在高温下很难清洗，这将降低管道的传热效果，使溶出率受影响。

因此，中国针对一水硬铝石型铝土矿难溶，要求溶出温度、碱浓度更高和溶出时间更长的特点，发明了管道预热加保温停留罐的溶出技术，即矿浆先在管道预热器中被加热到溶出温度后进入保温停留罐保温溶出，可降低长管道的阻力，并保证了溶出时间和溶出率。该方法的主要设备是管道预热器和保温溶出罐。

（三）压煮溶出技术

压煮溶出技术是将矿浆先在套管预热器中用矿浆闪蒸产生的二次蒸汽加热到一定温度后，在带机械搅拌的压煮器中用新蒸汽间接加热到溶出温度，再进入保温溶出罐中保温溶出的溶出方式。此方法采用的溶出设备为套管预热器和压煮器。图 5-8 为压煮溶出系统的照片。

图 5-8　压煮溶出系统

（四）双流法溶出技术

为了避免矿浆在管道预热器中产生难清洗的高温结疤，

将矿浆和碱液分别在管道预热器中预热，结疤较少或结疤易清洗的碱液流加热到相对高温，易结疤和结疤难清洗的矿浆流加热到相对低温，两股料流在压煮器中合流后达到溶出温度并保温溶出，这种溶出方式称为双流法。对于一水硬铝石来说，碱液流加热到260℃左右，矿浆流加热到不超过180℃，再在压煮器中合流并用新蒸汽加热到溶出温度（260℃以上）并保温溶出。此方法的优点是避免了矿浆被加热到高温时在管壁上形成的难清洗的钛、镁等结疤，采用的溶出设备为套管预热器和压煮器。

二、烧结法溶出的技术装备

（一）熟料烧成

熟料烧成是烧结法生产的核心工段，其目的是使原料中的 Al_2O_3 和 Na_2O 进入溶液而与杂质分离。

在高硅铝土矿中配入石灰及碳酸钠，在1300℃的高温下进行烧结，碳酸钠及石灰与矿石中的氧化铝相互作用生成铝酸钠和铝酸钙，从而获得含固态铝酸钠的熟料。利用铝酸钠溶于水，铝酸钙溶解于碳酸钠溶液的特性，在熟料溶出时加入含大量碳酸钠的碳分母液，从而得到铝酸钠溶液，完成熟料的溶出。

熟料烧成采用的烧成设备主要是回转窑。将调配好的生料浆用泵从窑尾喷入回转窑内，从窑前喷入煤粉在窑内经1300℃的高温将生料浆烧成熟料。图5-9为熟料烧成窑的照片。

图 5-9　熟料烧成窑

（二）熟料溶出技术

在烧结法氧化铝生产工艺中，经烧结后的熟料用水或稀溶液溶出的过程称为熟料溶出。采用的溶出设备为球磨机，熟料与稀溶液混合进入溶出磨，在磨制过程中即可完成矿浆中氧化铝的溶出。

三、赤泥分离及洗涤的技术装备

赤泥处理包括赤泥分离与洗涤以及赤泥堆存（见第七篇第一章中相关内容）两大部分。

铝土矿经溶出后，需进行液固分离，分离后所得固体为赤泥，含有碱，需进行洗涤达到排放标准后方能排放到赤泥堆场进行堆存。

赤泥分离及洗涤采用的是沉降分离及洗涤技术，包括大型平底沉降槽、深锥高效沉降槽、平底-深锥结合沉降槽。沉降设备有大型平底沉降槽（直径可达 40m 以上，如图

5-10 所示）、深锥高效沉降槽（直径可达 20m，锥角达 60°，如图 5-11 所示）。

图 5-10　平底沉降槽

图 5-11　深锥沉降槽

四、分解工段主要技术装备

溶出稀释后的料浆经赤泥分离后得到粗液，再经控制过滤制得的铝酸钠精制液进入分解工段。精制液的分解过程在分解槽中完成，分解工艺有晶种分解（种分）和碳酸化分解（碳分）两种。

拜耳法生产一般采用种分工艺，即往铝酸钠精液中加入氢氧化铝晶种，降温后使铝酸钠溶液的过饱和度增加，铝酸钠溶液中的氧化铝以氢氧化铝结晶形式析出。种分分解率一般在40%～50%，产品质量较好，可以得到粒度较大的砂状氧化铝。

烧结法生产的铝酸钠精液分解一般采用种分和碳分两种分解工艺。碳分工艺是在铝酸钠精液中通入二氧化碳气体，与铝酸钠溶液中的苛性碱发生反应后使溶液的分子比降低，并析出铝酸钠溶液中的氢氧化铝。碳分的分解率较高（可达80%），但产品是粉状氢氧化铝，质量不高。烧结法生产需要碳分母液作为熟料溶出料浆的调整液，因此，现在许多烧结法或联合法厂的碳分工艺仅需满足熟料溶出的调整液要求即可，而把大量的铝酸钠精液用于种分分解。

分解工段的主要工艺装备是大型机械搅拌分解槽（图5-12），单槽容积现已可达4700m^3。

五、氢氧化铝焙烧主要技术装备

分解得到的氢氧化铝经过滤洗涤后得到干净的固体氢氧化铝，由于氢氧化铝是带3个结晶水的氧化铝，因而需在1200℃的温度下进行焙烧，去除结晶水后可得到产品氧化铝。

图 5-12　机械搅拌分解槽

氢氧化铝焙烧的主要设备有：气体悬浮焙烧炉（图 5-13）、循环流态化焙烧炉。

图 5-13　氢氧化铝悬浮焙烧炉

六、母液蒸发主要技术装备

铝土矿的溶出是在碱性环境下进行的，经分解后得到的含碱母液经蒸发浓缩后可循环再用于铝土矿的溶出。

蒸发工段采用的主要工艺技术有：管式降膜蒸发技术、板式降膜蒸发技术、管板结合蒸发技术。采用的主要设备有：管式降膜蒸发器（图5-14）、板式降膜蒸发器。

图5-14 管式降膜蒸发器组

第二章 化学品氧化铝生产技术与装备

第一节 化学品氧化铝分类及用途

工业氧化铝一般分为两大类，即应用于电解铝生产的原料氧化铝，称为冶金级氧化铝；另一类是应用于陶瓷、化工、制药等领域的非冶金级氧化铝，也称为化学品氧化铝，或特种氧化铝。

目前，全世界已开发了各种用途的化学品氧化铝达400多种，中国化学品氧化铝产品约有140多种，其中30多个品种实现了规模化工业生产。

根据中国铝行业标准《化学品氧化铝分类及牌号》YS/T 619—2007，化学品氧化铝按化学成分可分为5类：氢氧化铝系列、特种氧化铝系列、拟薄水铝石系列、沸石系列和铝酸钙水泥系列，其主要的品种及用途如表5-4所示。

表5-4　主要化学品氧化铝的品种及用途

成本项目	主要品种	主要用途
普通氢氧化铝	普通氢氧化铝	氟化盐、净水剂、活性氧化铝
	干白氢氧化铝	人造玛瑙、人造大理石
	高白氢氧化铝	人造玛瑙、人造大理石、阻燃剂
特种氢氧化铝	超细氢氧化铝	电缆、化妆品、纸张填料
	低铁氢氧化铝	特种玻璃、人造玛瑙
	低钠氢氧化铝	催化剂载体
活性氧化铝	粉状活性氧化铝	耐火材料黏合剂
	柱状活性氧化铝	催化剂、干燥剂、净化剂
	球状活性氧化铝	催化剂、干燥剂、净化剂
	高纯氧化铝	钠灯管、荧光粉
高温氧化铝	低钠高温氧化铝	电子陶瓷、精细陶瓷
	中钠高温氧化铝	结构陶瓷
	低钠高温氧化铝超细微粉	电子陶瓷、精细陶瓷、耐火材料
	中钠高温氧化铝超细微粉	结构陶瓷、耐火材料
高纯氧化铝	片状氧化铝	抛光剂、钢包内衬、电子
	电工氧化铝	高压开关环氧树脂绝缘填料
拟薄水铝石	拟薄水铝石	催化剂、黏结剂
沸　石	4A沸石	洗涤助剂
	10X沸石	洗涤助剂
铝酸钠	铝酸钠	催化剂、凝聚剂、氟化盐
纯铝酸钙水泥	纯铝酸钙水泥	耐火材料黏结剂

第二节 化学品氧化铝生产技术与装备

一、高白氢氧化铝

高白氢氧化铝的主要用途是作为多种材料如人造大理石、橡胶弹性体、环氧树脂、热塑性材料的填充剂。广泛用于装饰、阻燃、电气设备和器材方面。

白色氢氧化铝可用烧结法经过深度脱硅的精制铝酸钠溶液通过种分或碳分工艺进行生产，也可用拜耳法精液经过深度脱硅或脱色等工艺制备出精制铝酸钠溶液，再进行晶种分解生产。制得的分解浆液经过过滤洗涤、烘干、除杂、筛分和磨制等工艺，生产出合格的白色氢氧化铝产品。一般粗粒产品的白度为94%，细粒产品的白度为98%以上。

主要工艺装备有：平盘过滤机、带式真空过滤机、旋转闪蒸干燥机。

二、活性氧化铝

活性氧化铝（γ-Al_2O_3）是一种多孔性、高分散度的固体材料，表面积大，微孔表面具备催化作用，如吸附性能（$1m^3$ 活性氧化铝吸氟 6400g）、表面活性、优良的热稳定性等，所以广泛地被用作化工行业的催化剂和催化剂载体。

制备活性氧化铝的一种方法是将拜耳法生产的氢氧化铝在200～400℃下进行加热脱水制得，但该方法生产的产品杂质含量较高。另一种方法是通过中和铝酸钠溶液或由醇铝分解（包括有机醇铝水解法、酸法、碱法等方法）来获得铝胶、拟薄水铝石或一水软铝石，再在400～600℃下活化而制得。

以氢氧化铝为原料的活性氧化铝生产包括粉碎、快速脱水、制粒、水化、活化焙烧、筛分包装等工序及相关设备。

三、超细氢氧化铝

超细氢氧化铝无毒、无味、化学稳定性好，是一种用途广泛的化工产品，已成为电工、电子、地毯、塑料、橡胶等行业必不可少的环保型阻燃剂。还可用于替代传统配料白垩和磷酸二钙，制成性能良好的牙膏，用于制备精密陶瓷和功能陶瓷用氧化铝的原料、催化裂化、环氧乙烷等的高性能催化剂、生物陶瓷和医药等。

超细氢氧化铝生产基本工艺流程如图5-15所示。

超细氢氧化铝微粉的生产方法分为机械法和化学法两大类。

机械粉碎法是将普通冶金级氧化铝经过洗涤、烘干后采用气流磨或球磨将其加工成氢氧化铝微粉，其产品粒度较粗、分布宽、形貌不规则，最大颗粒可达15～20μm，使用性能和阻燃效果较差。主要生产设备有气流磨和搅拌磨。

化学法包括铝酸钠溶液种子分解法、$NaAlO_2$-HNO_3法、金属醇盐法、微乳液法、超重力法和水热耦合法等。其中铝酸钠溶液种子分解法成本低，适合工业化生产。

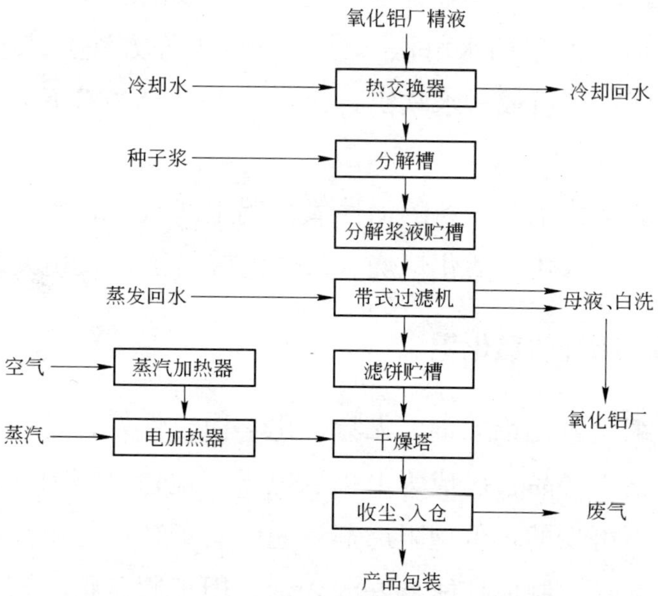

图 5-15 超细氢氧化铝生产基本工艺流程简图

四、高纯氧化铝

高纯氧化铝纯度为 99.9% ~99.999%，熔点 2050℃，无毒无味，外观呈流动性白色粉末，具有高熔点、高硬度、高电阻、力学性能好、耐磨、耐腐蚀、绝缘耐热等优良性能。高纯氧化铝作为尖端材料已广泛应用于光学、化工及特种陶瓷等多个领域，用于制造透光性氧化铝烧结体、高密度微粒烧结体、宝石单晶、人工晶体、电子元件、刀具、研磨材料、发光材料、特殊玻璃用添加剂、塑料及橡胶填料等。

高纯氧化铝的主要生产方法有：硫酸铝铵热解法、碳酸铝铵热解法、有机醇铝水解法、高纯金属铝箔胆碱水解法、活性高纯铝粉直接水解法、改良拜耳法。

五、高温氧化铝

高温氧化铝（α-Al_2O_3）也称煅烧氧化铝，是氢氧化铝原料经过煅烧而制得的。高温氧化铝为白色粉末或细砂状，高熔点、硬度大（有效密度大于3.9g/cm^3）、晶型稳定，流动性好，较难溶于酸碱溶液中，具有良好的烧结性能，广泛用作陶瓷器件、高铝耐火材料、电磁器件以及抛光研磨等制品中的原料。

高温氧化铝的生产过程可分为熔融和烧结两大类。

熔融过程采用的设备主要是电弧炉，加工温度高达2200℃以上。在高温下熔融的液态氧化铝，经过冷却、破碎成不同粒度的称之为白刚玉的产品。

烧结 α-Al_2O_3 的加工过程较复杂，一般包括混料、烧结、磨细等过程。混料主要是将工业氢氧化铝或氧化铝按一定比例配合成矿化剂，在回转窑内1400℃的高温下，经过烘干、脱水、晶型转变3个过程，转化为 α-Al_2O_3。烧结法生产 α-Al_2O_3 的设备种类较多，有倒焰窑、隧道窑、回转窑、梭式窑等。

六、沸石系列

沸石是多孔结构的物质。1756年瑞典矿物学家Cronstedt发现有一类天然硅铝酸盐矿石在灼烧时会产生沸腾现象，因此命名为“沸石”（图5-16）。沸石有天然沸石和人造沸石两类。在医药、化工和农业领域沸石被广泛用作分子筛、洗衣粉助剂，还可用作吸附剂、离子交换剂、干燥剂以及催化剂载体原料。

图 5-16　沸石

自然界已发现的沸石有 36 种，较常见的有方沸石、菱沸石、钙沸石、片沸石、钠沸石、丝光沸石、辉沸石等，都以含钙、钠为主。A 型沸石系列中，根据孔径大小分为 3A、4A 和 5A 沸石，一般化学式为：$A_mB_qO_{2q}\cdot nH_2O$，结构式为 $A_{(x/q)}[(AlO_2)_x(SiO_2)_y]\cdot n(H_2O)$，其中：A 为 Ca、Na、K、Ba、Sr 等阳离子，m 为阳离子数，B 为 Al 和 Si，q 为阳离子化合价，n 为水分子数，x 为 Al 原子数，y 为 Si 原子数，(y/x) 通常在 1 ~5 之间，($x+y$) 是单位晶胞中四面体的个数。相对分子质量为 218.247238。

4A 沸石外观为白色粉末物，比白度高、分散性好，不溶于水，对 Ca^{2+} 离子交换能力强，对 Mg 离子交换速度较慢，对一些低分子色素有一定的吸附能力，主要用于软化水质的洗涤剂助剂（常用 4A 沸石代替磷助剂）。

合成沸石的主要原料有硅源、铝源、碱和水等。常见硅源有硅胶、硅溶胶、硅酸钠、石英玻璃和微细粉末活性二氧化硅等，其中以水玻璃为主；常用的铝源有活性氧化铝、氢氧化铝、铝酸钠、偏铝酸钠、硫酸铝、三水铝石等。合成手段可分为：水热合成和非水体系合成。按原料可分为铝土矿法、高岭土法、铝酸钠溶液法、膨润土法等。

目前4A沸石的生产是以氢氧化铝、水玻璃、碱和水为原料，采用水热合成法制得，水热合成反应温度控制在95~100℃。在此温度下形成的沸石孔径较大，可增加其吸附性和钙交换能力，这种低温合成也有利于大规模生产。

4A沸石的主要生产设备有晶化槽、压滤机和干燥器等。

七、拟薄水铝石

拟薄水铝石又名一水合氧化铝、假一水软铝石，分子式$Al_2O_3 \cdot nH_2O$，结晶水系数n在0.08~2.0之间。无毒、无味、无臭、白色胶体状（湿品）或粉末（干品），晶相纯度高，胶溶性能好，黏结性强，具有比表面高、孔容大等特点，其含水态为触变性凝胶。

拟薄水铝石是生产催化剂载体——活性氧化铝（γ-Al_2O_3）的主要原料。可用作半合成稀土Y型分子筛裂化催化剂的黏结剂，硅酸铝耐火纤维的黏结剂，酒精脱水制乙烯催化剂和环氧乙烷催化剂等，还可作生产催化剂载体、活性氧化铝及其他铝盐的原料。其于400~700℃间焙烧的产品被广泛用作催化剂载体、催化剂和吸附剂等；于1100~

1200℃间煅烧可得纳米级 α-Al_2O_3，广泛用作涂料添加剂、高档陶瓷、石油化工的高效催化剂、亚微米/纳米级研磨材料和抛光材料、化妆品填料和无机膜材料等，是一类具有广阔发展前途的新型材料。

二次脱硅铝酸钠溶液经连续配料调配出合格的稀释液，通过过滤后分解成胶状物，在老化槽中进行老化，压滤分离、脱水和烘干后制得成品。

拟薄水铝石的主要生产设备有：稀释槽、老化槽、成胶槽（分解槽）、过滤（压滤）设备、气体混合器、反应釜、烘干系统、粉碎设备、换热器等。

八、纯铝酸钙水泥

中国铝酸钙水泥按其化学成分可分为普通铝酸钙水泥（Al_2O_3 53% ~ 72%，CaO 21% ~ 35%）和纯铝酸钙水泥（Al_2O_3 72% ~ 82%，CaO 19% ~ 23%）两类。一般把 Al_2O_3 含量大于 68% 的铝酸盐水泥称为纯铝酸钙水泥，它是以一铝酸钙（$CaO \cdot Al_2O_3$）或二铝酸钙（$CaO \cdot 2Al_2O_3$）为主要矿物成分的高纯高铝水泥，通常以 Al_2O_3 含量来命名，如 Al_2O_3 含量为 70% 左右称铝酸盐 CA-70 水泥。

纯铝酸钙水泥的早期性能好，中温残存强度高、耐火度高（大于 1560℃），耐磨、抗剥落性好，是适合于配置在高温、高压和还原条件下使用的不定性耐火材料，是当前化工、冶金、建材及国防工业所需的高性能耐火浇注料的优质结合剂。

纯铝酸钙水泥可采用烧结法和熔融法进行生产，其中烧结法又可分为回转窑烧结法、立窑烧结法、静态窑（如倒焰窑、梭式窑和隧道窑）烧结法等，但在中国以回转窑的应用最为广泛。

烧结法生产纯铝酸钙水泥的主要矿物相为铝酸钙，其余成分极少，因而生产中应尽可能降低水泥中的其他杂质含量，特别是低熔点的矿物杂质 Fe_2O_3，这对产品的耐火度和抗侵蚀能力非常重要。高纯原料混合后，经过球磨进行生料制备，喂入回转窑制得熟料，再经破碎后，与母液按比例配合均匀，然后投入瓷球磨机中细磨而成。烧结一般在氧化气氛中进行，原料中的杂质不能被还原除去，故对原料的要求较严格，含 SiO_2 和 Fe_2O_3 等杂质要少。

熔融法（电熔法）是以氧化铝、石灰石等为原料，将生料在反射炉、电弧炉或高炉中加热熔融而制取熟料的方法。生料不必经过磨细就可直接入炉，熔融后即可达到均匀混合。尽管铝酸钙水泥的熔点都在1400℃以上，但其混合物的熔融温度约在1300～1400℃之间。

九、其他特种氢氧化铝和氧化铝产品

其他特种氢氧化铝和氧化铝产品有以下几种：

（1）低铁氢氧化铝，主要用于制备高质量的铝盐、特种玻璃等。

（2）低钠氢氧化铝，主要用于生产陶瓷氧化铝和高纯氧化铝原料。

(3) 易溶氢氧化铝，广泛用于无机高效净水剂及其他铝盐制品生产行业。

(4) 片状氧化铝，可用作密封炉内衬电绝缘体、陶瓷制品等，也可用作催化剂基体或载体、环氧树脂和聚酯树脂的填料、耐火涂料及化妆品的颜料。

(5) 纳米氧化铝，为白色粉末，无味、不溶于水、球形、粒度均匀、易烧结，是功能陶瓷、结构陶瓷、光学陶瓷等精细陶瓷的重要材料，在力、热、光、电、磁、催化等方面具有独特性能。目前中国总产量不足100t，主要依赖进口。

第三章 电解铝冶炼技术与装备

第一节 电解铝基本原理

目前，金属铝的工业生产一直采用 Hall-Héroult（霍尔-埃鲁）法，即冰晶石-氧化铝熔盐电解法。其主要原料为氧化铝，电解质为氟化盐（包括冰晶石、氟化铝等），电极为炭阳极（活性）和炭阴极，生产过程需消耗大量电能。

电解铝的基本原理为固体氧化铝溶解于电解质熔体中，在直流电作用下，阴、阳两极上发生如下电化学反应：

$$2Al_2O_{3(液)} + 3C_{(固)} = 4Al_{(液)} + 3CO_{2(气)}$$

其中，阴极反应：

$$Al^{3+}_{(配合状)} + 3e \xlongequal{} Al_{(液)}$$

阳极反应：

$$O^{2-}_{(配合状)} - 2e \xlongequal{} O_{(原子)}$$

$$2O_{(原子)} + C_{(固)} \xlongequal{} CO_{2(气)}$$

随着反应的连续进行，电解质熔体中的氧化铝、炭阳极不断被消耗和补充，阴极区不断析出产品金属铝液，阳极区不断产生阳极气体。实际生产中，由于电流效率低于理论值，因而阳极气体一般为以 CO_2 和 CO 为主的混合物。

第二节 电解铝生产工艺

现代电解铝生产主要采用预焙阳极铝电解槽生产技术，其典型的生产工艺流程如图 5-17 所示。

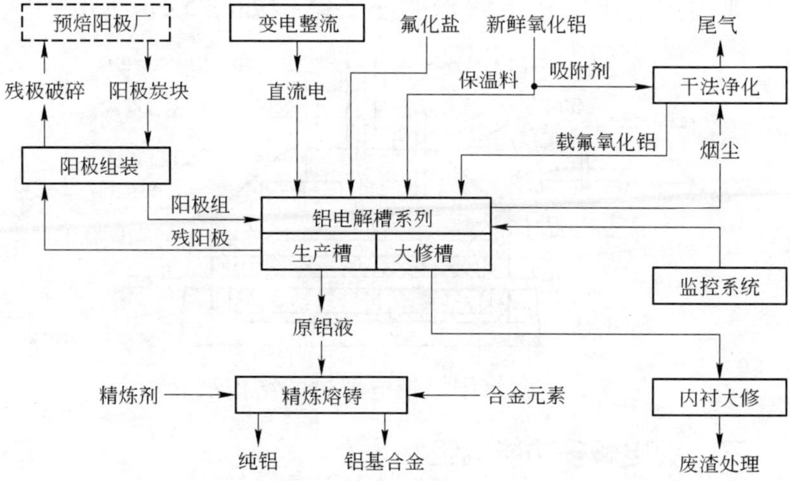

图 5-17 典型的电解铝生产工艺流程示意图

第三节　电解铝厂主要装备

一、铝电解槽

铝电解槽是电解铝厂的主体生产设备，是体现电解铝生产指标、管理水平和节能减排等效果的关键因素，其设备安装费约占电解铝厂建设总投资的45%。

中国铝电解工业在20世纪70年代以前，主要以自焙槽生产技术为主，效率低、能耗高、操作落后且污染严重。80年代后，在引进消化、试验研究的基础上，根据电解铝厂不同建设规模的经济合理性，相应开发应用了75～165kA、180～240kA、280～320kA、350～500kA等多种预焙阳极铝电解槽生产技术。

现代预焙阳极铝电解槽的主要结构如图5-18所示。

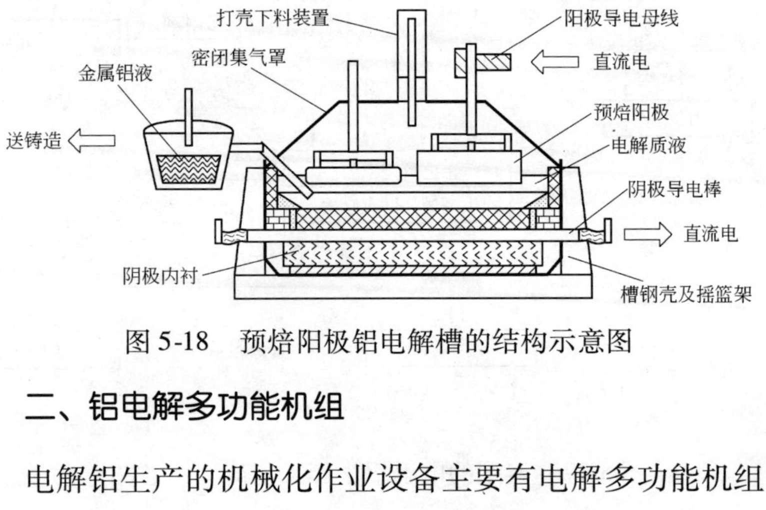

图5-18　预焙阳极铝电解槽的结构示意图

二、铝电解多功能机组

电解铝生产的机械化作业设备主要有电解多功能机组和

地面专用车两类。铝电解多功能机组是预焙槽系列生产的专用设备，主要承担下列工艺操作：打壳和添加覆盖料，更换阳极，出铝，提升阳极母线，安装和检修电解槽。图 5-19 为电解车间实景图。

图 5-19　电解车间实景图

电解铝生产的地面作业专用车主要有打壳换极车、氧化铝或氟化铝加料车、出铝车、阳极运输车、出铝抬包运输车等。

三、电解铝厂供电设备

铝电解厂生产的主要特点是不间断连续运行，而且吨铝耗电量高达约 14000kW · h，是名副其实的“电老虎”。因而，铝厂的直流用电一级负荷率在 95% 以上。一般规定铝厂采用电网供电时的全停电每年不宜超过 2 次，每次持续时间应不大于 40min，要求铝厂变电整流所的供电系统不应少于两个独立电源。

变电整流所的主要设备包括载调压整流变压器、整流机组、稳流装置、谐波治理装置、动力变压器、微机综合自动化保护监控装置等。

整流机组的直流额定电压（$U_{额定}$）计算公式如下：

$$U_{额定} \geqslant U_{系列} + n_1 \times U_{AE} + \Delta U_{母线}$$

式中 $U_{额定}$——整流机组直流侧额定电压，V；

$U_{系列}$——无效应时的系列电压，V，一般为槽平均电压与系列槽数之乘积；

n_1——调压制度预定的阳极效应个数，可通过阳极效应或然率计算；

U_{AE}——阳极效应时槽电压升高值，一般取30～35V；

$\Delta U_{母线}$——槽电压测量范围以外的汇流母线电压降。

整流机组一次侧电压，宜按表5-5选择。

表5-5 整流机组一次侧电压及降压方式选择表

整流机组单机额定容量/kV·A	一次侧额定电压/kV	
	电网直接供电时	经变压器降压供电时
≤1000	3、6、10	0.38、6、10
1000～3150	6、10、35	6、10
3150～12500	10、35、66	6、10
12500～25000	35、66、110	35
≥25000～80000	110	—
≥80000	110、220、330	—

第四节　电解铝厂主要指标

一、电解铝厂建设规模

电解铝厂的建设规模及槽型选择，一般可参考表5-6所列经济参数。

表5-6　电解铝厂建设的经济规模与电解槽电流强度匹配关系

电解铝厂系列类型	改扩建	新　建			
	小型	小型	中型	大型	特大型
系列建设规模/$kt \cdot a^{-1}$	≥100	100~150	150~250	250~300	300~500
电解槽电流强度/kA	≥160	200~240	300~350	350~400	≥400

根据中国产业政策，新建电解铝厂应采用200kA及以上预焙阳极铝电解槽技术，改扩建电解铝厂应采用160kA及以上预焙阳极铝电解槽技术。

二、电解铝生产主要指标

国内外电解铝厂典型铝电解槽的主要生产指标对比见表5-7。

表5-7　国内外电解铝厂典型的主要生产指标

生产指标	单　位	国外指标	国内指标
电流强度	kA	300	300
电流效率	%	94~96	91~95
槽电压	V	4.05~4.15	3.70~4.20

续表 5-7

生产指标	单 位	国外指标	国内指标
阳极效应系数	次/(槽·日)	0.03	0.03~0.10
直流电耗	kW·h/t-Al	13000~13200	12500~13500
阳极净耗	kg/t-Al	395~405	395~430
槽寿命	天	2000~3000	1500~2500

中国电解铝厂的生产指标变化较大，其主要原因是可能受氧化铝、阳极、氟化盐原辅材料的质量波动的影响，并与企业精细化操作管理程度差别较大有关。

三、电解铝厂生产成本

国内外电解铝厂典型铝锭产品的主要生产成本比较见表5-8。

表 5-8 2010 年国内外电解铝厂典型的铝锭产品生产指标

铝锭成本	氧化铝	炭阳极	氟化盐	综合能耗	其他	合计
单价/ 元·t^{-1}	2950	4000	5910	0.45kW·h	—	—
单耗/kg·t^{-1}	1920	410	24	14323kW·h	—	—
成本/元·t^{-1}	5664	1640	141	6445	1133	15023
比例/%	37.70	10.92	0.94	42.90	7.54	100
国外成本/元·t^{-1}	5600	1600	130	4100	1850	13280

中国电解铝厂生产成本偏高的主要影响因素是近年来铝用电价的不断高涨。发达国家电解铝厂的用电价格一般要求控制在铝锭成本的 25% 以下，否则铝厂就将面临限产或关停的危险。

第五节　铝用炭素材料

一、炭素材料及分类

炭素即元素碳（化学符号 C），“炭素”一词为外来语。现发现碳的同素异形体有金刚石、石墨、无定形碳、富勒碳及纳米碳 5 种，后两种主要来自人工合成。

炭素材料除满足冶金、化工的需求外，还广泛应用于航天、核工业、电子、机械等行业，主要用作导电材料、耐火材料、耐腐蚀结构材料、耐磨和润滑材料、高温冶金及超纯材料生产用的结构材料、铸模和压模材料、原子能及军工材料等。

铝用炭素材料可分为铝用阳极材料和铝用阴极材料两大类，主要是以石油焦、沥青焦或无烟煤为骨料，以煤沥青等作为黏结剂而制成的糊类或块状类炭素制品。

铝用炭素材料的分类如下：

- 铝用炭素材料
  - 铝用阳极材料
    - 阳极糊：用于自焙阳极铝电解槽作为电极
    - 阳极炭块：用于预焙阳极铝电解槽作为电极
    - 残极：预焙阳极使用之后的残余部分
  - 铝用阴极材料
    - 阴极炭块：用于砌筑铝电解槽的导电底部
    - 侧部炭块：用于砌筑铝电解槽的侧部
    - 阴极糊：用于阴极炭块、侧部炭块的接缝扎固

铝用阳极材料作为电解铝生产的导电电极制品，因还参

与了电解铝生产的电化学反应而被逐步消耗，故需及时进行更换和补充。在中国，由于自焙阳极铝电解槽属于落后生产工艺而被列为淘汰技术，因而阳极糊炭素材料现已很少使用。

二、铝用炭素材料生产工艺

预焙阳极、阴极炭块、石墨化阴极及阴极糊的生产工艺流程如图 5-20 所示。

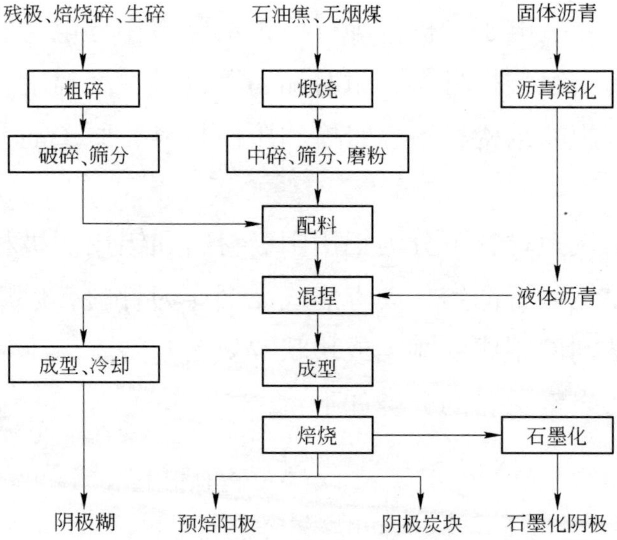

图 5-20 铝用炭素生产工艺流程图

三、预焙阳极生产

预焙阳极是铝电解生产所需的炭素电极消耗原料，一般生产 1t 铝的理论炭阳极净耗为 333kg，实际生产净耗约为

390 ~ 450kg。

（一）生产原料

预焙阳极生产的主要原料是石油焦和煤沥青。

（1）石油焦。石油焦是延迟焦化装置的原料油经蒸馏将轻重质油分离后，重质油再经热裂解（500℃）和缩合反应过程，转化而成的副产品。石油焦的产量约为原料油的25% ~ 30%，其低位发热量约为煤的1.5 ~ 2倍，灰分含量不大于0.5%，挥发分约为11%，品质接近于无烟煤。

石油焦是预焙阳极生产的主要原料，每吨预焙阳极消耗生石油焦约0.95t。石油焦根据硫含量可分为高硫焦（$w(S) > 3\%$）和低硫焦（$w(S) < 3\%$）。一般品质低硫焦（$w(S) < 1.5\%$）常用于生产预焙阳极。

（2）煤沥青。作为预焙阳极配料的黏结剂，煤沥青是煤焦油蒸馏提取馏分后的残留副产品，约占煤焦油产量的50% ~ 60%，每吨预焙阳极消耗改质煤沥青约15% ~ 30%。中高温改质煤沥青主要是调整煤沥青的软化点、浸润性、流动性、可塑性、黏结性和结焦性等指标，是提高预焙阳极炭块质量的重要措施。

（二）主要工艺技术与装备

1. 煅烧

煅烧是将生炭质原料进行高温加热处理的过程。生炭质原料在煅烧的过程中产生一系列的变化：排除生炭质原料中的挥发分、水分，发生体积收缩，提高并稳定炭质原料的导电性、强度等物理化学性能。

煅烧设备主要有罐式炉、回转窑、回转床、电热煅烧炉和焦炉五种类型，在煅烧工艺原理、煅烧质量、煅烧焦烧损、产能、能耗及余热利用、环境治理、操作等方面有较大区别。罐式炉、回转窑、电热煅烧炉在中国使用较为广泛。

（1）罐式煅烧炉。由很多竖向罐体组成，单罐产能80～120kg/h，一般4个罐一组，每台煅烧炉配置6～14组。石油焦自上而下在自身重力作用下不断向下运动，采用间接加热方式使物料在隔绝空气中沿竖罐经过高温热处理，最后通过底部间接冷却装置及排料装置排出炉外，从而达到煅烧石油焦的目的。

（2）回转窑。一般由大窑、小窑组成一套系统，单台套产能6～30t/h。生石油焦由回转窑尾部加入略呈倾斜的大窑（回转窑）筒体内，随着筒体的缓慢转动，石油焦逐渐向窑头移动，煅烧物料受火焰直接加热。经过回转窑内高温煅烧带后排入下部小窑（冷却机），高温物料进入冷却机后一般采用直接喷水冷却。

罐式炉与回转窑煅烧石油焦装备技术的工艺特点比较见表5-9。

表5-9 罐式煅烧炉与回转窑工艺技术特点比较

炉型	运转率/%	原料要求	原料单耗/t	炭质烧损/%	实收率/%	燃料用量	产品质量	自动化
罐式炉	≥95	挥发分≤11%	1.283	<4	≥81	少	好	低
回转窑	≤85	无	1.358	>8	≤77	多	一般	高

（3）电热煅烧炉。主要用于炭阴极生产，是一种结构简单的立式电阻炉，单台产能17～30t/d。其原理是通过电流使具有电阻性质的被煅烧物料产生热量，进而加热被煅烧物料，煅烧温度可达2100～2400℃。随着电热煅烧炉内温度的升高，被煅烧物料的物理化学性质发生变化，从而达到煅烧炭质物料的目的。

2. 配料

配料是指将几种不同性质的炭质物料，按所选骨料粒度、黏结剂比例及温度要求混合入料的生产过程。配料是制品生产过程中极为重要的工序，与成品质量及后续工序的成品率关系密切。同时，配料工艺要与混捏工艺配套。

（1）间断配料。采用间断混捏工艺。主要设备为间断配料秤，干料配料设备有固定漏斗的漏斗秤、移动配料小车。液体沥青一般配套采用固定漏斗的失重秤。

（2）连续配料。采用连续混捏工艺。主要设备为连续配料秤，干料配料设备有连续皮带秤、失重秤。液体沥青一般配套采用计量泵或失重秤。

3. 混捏

混捏是将定量的炭质骨料及粉料和定量的黏结剂在一定的温度下混合、捏和成可塑性糊料的工艺过程。混捏过程使各种原料混合均匀，能使不同颗粒合理堆积，形成密实程度较高的糊料。

混捏设备主要有连续混捏机、间断混捏机。在混捏工艺原理、混捏质量、环境、操作等方面有较大区别。

(1) 卧式连续混捏机。干混和湿混在同一台设备内进行。设备上有动、定两种铰刀，动铰刀固定在中空搅拌主轴上，定铰刀固定在带夹套壳体上。随着主轴的旋转和往复运动，动铰刀和定铰刀相互配合，将炭质干骨料和黏结剂沥青混捏成混合料。干骨料、液体沥青由混捏机的一端加入，糊料由另一端排出。

(2) 立式连续强力混捏机。干混和湿混也在同一台设备内进行。设备是倾斜安装的旋转式混捏容器及一组沿轴心不断高速转动的混捏铰刀。干骨料、液体沥青由混捏机上部加入，糊料由下部排出。

立式间断强力混捏机在一些阴极生产厂也有应用。

(3) 双轴单层搅拌混捏机。干混和湿混在同一台设备内进行，即先加入炭质骨料干混，混合到一定温度后加入黏结剂进行湿混，混好后将糊料排出。

(4) 双轴双层搅拌混捏机。干混和湿混在不同设备内进行，即在上面一台混捏机先加入炭质骨料干混，混合到一定程度后，排入下面一台混捏机，上面一台混捏机重新加入干料后开始下一混捏周期。下面一台混捏机加入黏结剂进行湿混，混好后将糊料排出，然后等待上面一台混捏机重新排入干料后开始下一混捏周期。

4. 成型

成型是将混捏好的炭素糊料在外部力量作用下，压制成具有需要的形状、尺寸和一定密度的生制品的过程。不同成型方法在成型原理、工艺参数、设备产能、操作管理等方面有较大区别。预焙阳极成型主要采用振动成型，阴极制品以往主要采用挤压成型，近几年来振动成型阴极制品得到大规模推广。

（1）振动成型机。成型模具固定在振动台上，将糊料加入模具内，料面用重锤加压。振动成型是利用高速振动的振动机组，使模具及模具内的糊料都处于强烈的高频低幅振动状态，此时糊料颗粒间的摩擦力及糊料对模具内壁的摩擦力急剧下降，几乎呈流动状态的糊料迅速填充到模具的各个角落。模具压力的作用是提高糊料密度，并在短时间内获得外观规整的合格产品。

（2）挤压成型机。挤压成型是通过挤压机对装入其料室的糊料施加压力，糊料不断密实和运动，产生塑性变形，最后通过挤压嘴挤出所需形状和尺寸的生制品。挤压成型法常用设备是卧式液压挤压机。

5. 焙烧

焙烧是将成型好的生制品，在填充料的保护下，装入焙烧炉内进行高温热处理，生制品中的黏结剂煤沥青炭化，使固体炭素原料颗粒与煤沥青炭化后的沥青焦牢固联结成一个整体的工艺过程。影响焙烧质量的主要因素是焙烧制度及焙烧温度。焙烧制度是指低温预热、中温焦化、高温烧结、冷却阶段的热工制度。应根据焙烧炉型、生制品类型及规格、燃料和填充料种类确定热工制度。

铝用炭素制品一般采用环式焙烧炉，环式焙烧炉由多个结构相同的焙烧炉室串联在一起进行加热，低温炉室利用高温炉室排出的高温烟气余热加热，每个焙烧炉室按运行的操作顺序进行装炉、加热、冷却、出炉、炉子清理与修理。

（1）敞开式环式焙烧炉。阳极焙烧一般采用敞开式环式焙烧炉。一个火焰系统一般有 16 ~ 18 个炉室，每个炉室有 6 ~ 8 个料箱，每个料箱立装 3 层。一般配有焙烧温度自动控制系统、多功能天车、（生阳极）编组机组、（焙烧阳极）清理机组。

（2）带盖式环式焙烧炉。阴极焙烧一般采用带盖式环式焙烧炉。一个火焰系统一般有 16 ~ 18 个炉室，每个炉室有 4 ~ 5 个料箱。一般配有焙烧温度自动控制系统、多功能吸料天车。

6. 阳极炭块组装

铝用炭阳极组装主要完成将预焙阳极炭块与钢爪、铝导杆用磷生铁熔体及爆炸焊片接连成具有一定机械强度、较小电阻率的电极导电整体的过程。

阳极组装常设在电解铝厂内，独立的预焙阳极厂一般只外销焙烧阳极成品和回收铝电解生产返回的残极。残极经电解质清理、残极压托后，送返回料处理系统破碎、筛分后可供阳极生产配料使用。

阳极炭块组装的主要工序有：装卸站、电解质清理、残极压托、磷铁环压托、导杆修复与钢爪修理、涂石墨、磷铁浇注站等。各工序通过积放式悬链输送系统连接成一条封闭的自动流水线。图 5-21 为预焙阳极组装炭块示意图。

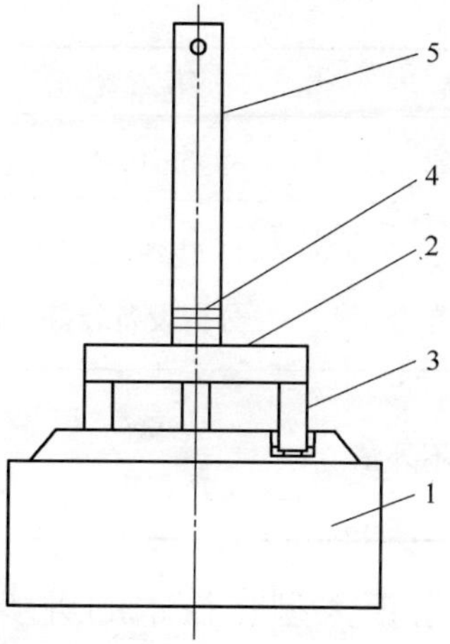

图 5-21　预焙阳极组装炭块

1—炭阳极；2—钢爪；3—磷生铁；4—铝钢爆炸焊片；5—铝导杆

（三）中国铝用炭阳极技术的发展特点

目前中国铝用炭素行业的发展特点主要体现在：原材料质量不稳定，特别是高硫石油焦偏多；优质炭阳极产量偏少，阳极体积密度普遍低于1.56g/cm^3；关键设备尚靠引进，如连续混捏机、预热螺旋机、振动成型机等；企业生产规模小且分散。

中国铝用炭阳极的产能分布及装备技术分类如表 5-10 所示。

表 5-10　中国铝用炭阳极的产能分布及装备技术分类

项　目	第一类	第二类	第三类
企业类型	铝厂自配阳极厂	铝用阳极专业厂	小规模生产厂
企业产能	10 万～30 万吨/年	5 万～20 万吨/年	5 万～10 万吨/年

续表 5-10

项　目	第一类	第二类	第三类
生产厂家	40～50 家	约 10 家	40～50 家
装备技术	装备高， 分析设备齐全	装备高， 分析设备较好	装备低， 分析设备欠缺
产品质量	中等，产品不外销	质量高， 产品出口	中低，销售灵活

随着中国铝电解槽大型化技术的进步，对预焙阳极质量提出了更高的要求，见表 5-11。

表 5-11　大型预焙槽对阳极质量的一般要求[5]

技术指标	体积密度 /g·cm^{-3}	真密度 /g·cm^{-3}	CO_2 反应残留率 /%	空气反应残留率 /%	线膨胀系数/K^{-1}	热导率 /W·(m·K)$^{-1}$	抗折强度 /MPa	空气渗透率 /npm
质量要求	1.54～1.57	2.04～2.07	≥85	≥88	(3.5～4.5)×10^{-6}	3.5～40	8～12	1.5～3.5

四、铝用阴极材料

（一）铝用阴极材料分类

铝用阴极材料包括阴极炭块和阴极糊两类，主要是用作铝电解槽的内衬筑炉，并兼有导电体作用。铝用炭素阴极材料的分类如下：

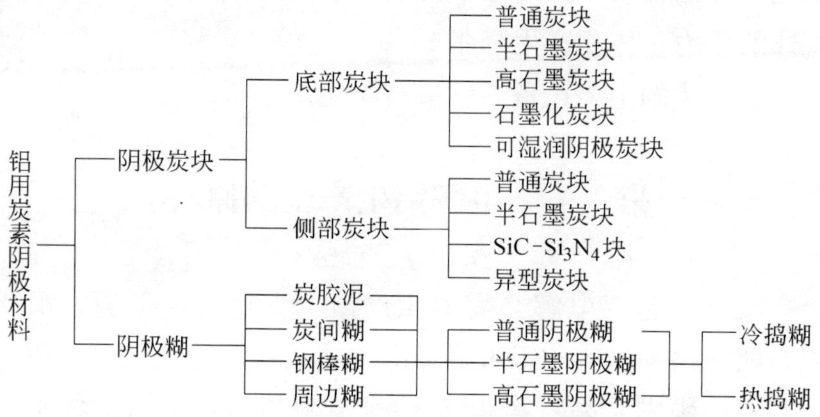

铝用炭阴极炭块的吨铝消耗量约为20kg。

（二）铝用阴极炭块加工

铝用炭阴极加工主要为了满足铝电解槽使用合格的阴极炭块（底部炭块、侧部炭块）产品，包括所规定的形状、尺寸、精度和表面粗糙度及其他特殊要求。阴极炭块加工一般指机械加工，加工主要设备有数控铣床和带锯切割机。

（三）石墨化阴极

铝用炭阴极的石墨化是将阴极炭块焙烧毛坯在2000～3000℃高温下进行热处理，使大量碳原子形成的无序微晶结构有序化，从而获得石墨制品所需要的物理化学性能。石墨化温度决定制品的石墨化程度，不同的碳材料，石墨化起始温度不同，温度越高，材料完成石墨化过程所需的时间越短。石油焦一般在1700℃开始进入石墨化，要达到较好的性能，石墨化温度要大于2500℃。而影响升温速度的主要因素是材料含硫量和气体膨胀。石墨化升温至1700～2100℃时，硫元素开始释放，此时处于可塑状态的焦炭气孔壁受到排出气体的压力，体积产生膨胀。

石墨化的主要设备为串接石墨化炉。

第六节 电解铝生产辅助原料

氟化盐是铝电解必需的生产溶剂，包括冰晶石、氟化铝、氟化钙等。氧化铝可溶于由冰晶石和其他氟化物组成的溶剂中，构成冰晶石-氧化铝熔融电解质体系，该液体基本不含比铝更正电性的元素，能在电解温度950℃左右下获得较高导电性，其密度约为2.1g/cm^3，能保证与产出的金属铝液（密度2.3g/cm^3）较好地分层，从而获得良好质量的铝产品。

电解铝的主要辅助原料为冰晶石和氟化铝。

一、冰晶石

自然界中天然冰晶石（$3NaF \cdot AlF_3$）储量有限，所以主要采用合成方法制取冰晶石。主要方法包括酸法（原料为萤石 CaF_2 和硫酸 H_2SO_4）及化肥生产的副产品磷酸盐通过对 HF_3 和 SiF_4 气体淋洗，回收 H_2SiF_6 后过滤合成冰晶石。但需注意此类产品中的氧化磷 P_2O_5 含量应低于0.5%，否则会降低铝电解的电流效率。

二、氟化铝

氟化铝主要用于铝电解生产中作为电解质助溶剂，以降低电解质体系的熔点和提高电导率，吨铝氟化铝单耗在20～28kg左右。

无机氟化铝产品是机械、电子、冶金等行业的重要化工原料和辅料，其生产方法主要有湿法（属淘汰工艺）和干法两种。干法生产氟化铝工艺包括：

（1）粗酸干法：萤石与硫酸高温反应产生的气体，经过粗洗后进入流化床，与干燥的氢氧化铝反应生成氟化铝。由于粗洗后的氟化氢杂质较高，且无脱硅，氟化铝产品的 SiO_2 含量约达0.25%。这些杂质会影响电解铝的质量，增加电耗。

（2）精酸干法：萤石与硫酸高温反应产生的气体，经过粗洗、冷冻、脱气、精馏后进入蒸发器，氟化氢含量一般为99.5%；蒸发出的氟化氢气体进入流化床，与氢氧化铝反应生成氟化铝。由于氟化氢纯度高，生产的氟化铝质量很好，杂质很低，特别是 SiO_2 含量仅0.02%，P_2O_5 含量仅0.007%，对电解铝生产非常有利。

第四章　高纯精铝冶炼技术与装备

第一节　高纯精铝概述

高纯精铝包括精铝和高纯铝两大类，由于比原铝具有更优越的性质，如纯度高及导电性、延展性、反射性、抗腐蚀性强等，在现代工业的某些领域，如电子、电解电容器、集成电路、计算机、超导体、磁悬浮体、太阳能、家电、汽车、航天航空和军事工业等领域有着广泛而特殊的用途。

第二节 精铝生产工艺技术

目前，工业上应用的高纯精铝生产方法主要是三层液铝电解精炼法和偏析法。

一、三层液铝电解精炼法

1922 年美国人贺浦氏（Hoopes）在工业上实现了三层液铝电解精炼，并制得纯度为 99.99% 的高纯铝。其基本原理为：利用精铝、电解质和阳极合金的密度差形成液体分层，在直流电流作用下熔体中发生如下电化学反应：

阳极合金中的铝溶解，生成 Al^{3+} 离子：

$$Al - 3e = Al^{3+}$$

Al^{3+} 离子进入电解液后，在阴极上放电，生成金属铝：

$$Al^{3+} + 3e = Al$$

合金中 Cu、Si、Fe 等元素由于其电位均正于铝，且铝饱和而不溶解，在一定浓度范围内仅积聚于阳极合金中。而合金中夹杂的 Na、Ca、Mg 等电位负于铝的元素与铝一起溶解，生成 Na^{+}、Ca^{2+}、Mg^{2+} 进入电解液，在一定浓度、温度与电流密度下，这些杂质不会在阴极上放电，因此在阴极上得到纯度较高的精铝。

三层液铝精炼生产工艺流程如图 5-22 所示。

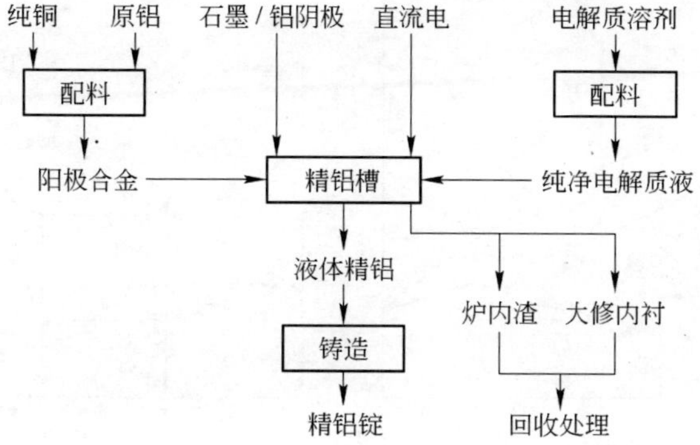

图 5-22 三层液铝精炼生产工艺流程简图

二、偏析法

20 世纪 70 年代，法国铝业公司（Pechiney）首次实现偏析法提纯铝的工业生产。偏析法是根据原铝中各种金属元素分配系数的不同，应用各元素在凝固时产生偏析的现象来提高铝的纯度。

偏析法提纯铝的原理相图如图 5-23 所示。

图中 C_S 为固相杂质浓度，C_L 为液相杂质浓度。图 5-23a 表示通过冷却偏析工艺提纯原铝时可除去 Fe、Si、Cu 等杂质；图 5-23b 则表示此工艺不能除去 Ti、V、Zr 等杂质，说明这些杂质必须在偏析法应用之前设法除掉，通常采用添加化合物的方式除去。图中 l 表示冷却过程中存在杂质进行分配和扩散的过渡阶段。

目前，偏析法提纯铝可分为分步结晶法和定向凝固法两种。

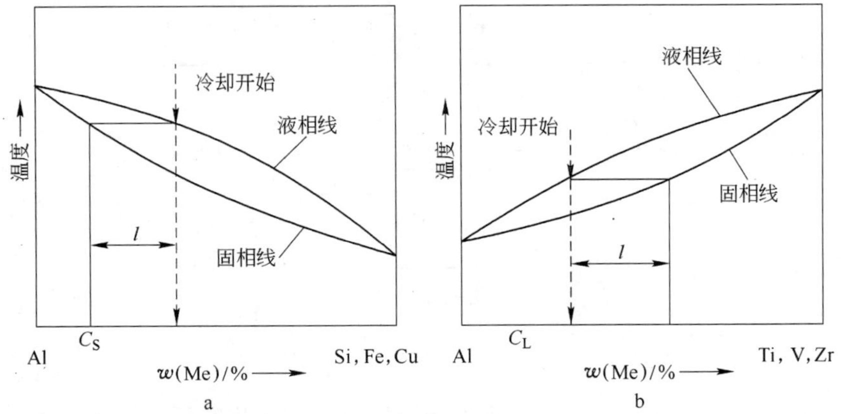

图 5-23　偏析法提纯铝原理图

a—可除杂质相图；b—不可除杂质相图

（一）分步结晶法

分步结晶法首次由法国铝业公司提出，并实现工业化生产。其原理主要是：加热并熔化原铝、结晶出微细初晶；初晶集结并挤压；再加热重熔和结晶的提纯过程。分步结晶法中最具代表性的生产方法有：彼施涅（Pechiney）法，Alcoa 法和日轻法。

（二）定向凝固法

定向凝固法的基本原理主要是通过使冷却面连续凝固的方式提取高纯铝。提纯时，在立式电炉的石墨容器内底部，纯铝由液态结晶沉淀下来，并逐步捣实使晶体之间杂质含量较高的熔融铝分离出来，再对容器进行加热，应用分步重熔和分步结晶的方法，促进纯铝晶体长大和不断分离熔融的不纯液态铝。

定向凝固法与分步结晶法的不同点是纯铝结晶的凝固方向与熔体的热流方向相同。凝固时，在紧靠液-固界面的液相中有一层杂质浓集的液体层形成。

定向凝固法的提取率比分步结晶法要低一些，主要原因是受有效分配系数的控制。因而为了得到纯度更高的产品，通常需要重复进行 2～3 次提纯加工。

第三节　精铝生产装备

一、铝精炼电解槽技术装备

（一）精铝槽结构

目前，全球现代精铝槽的设计电流强度在 40～120kA 范围，其中普遍采用精铝槽电流强度为 60～80kA 的槽型为主流槽型。精铝槽结构如图 5-24 所示。

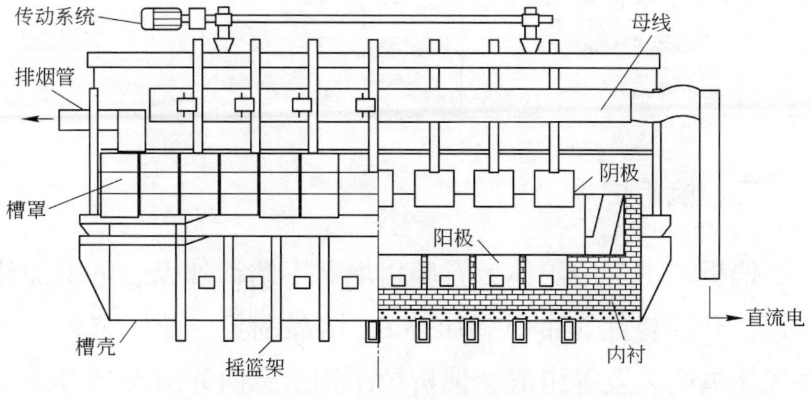

图 5-24　现代大型精铝槽结构示意图

（二）精铝槽生产工艺技术

世界各国三层液铝电解精炼的精铝槽生产工艺技术条件如表5-12所示。

表5-12 世界各国三层液铝电解精炼的精铝槽生产工艺技术条件

国家或企业		法 国	俄罗斯	日住友	美 国	挪 威	中 国
电流强度/kA		—	40	60	65	—	60
电解质成分	$BaCl_3$ 含量/%	55	60	—	—	60	60
	BaF_3 含量/%	—	—	35	16	—	—
	NaF 含量/%	14	17	10	18	17	12
	AlF_3 含量/%	26	23	41.4	48	25	28
	CaF_2 含量/%	—	—	13.6	16	—	—
	NaCl 含量/%	5	0~5	—	—	5	4
	LiF 含量/%	—	—	—	0~4	—	—
操作工艺	操作温度/℃	760~780	750~800	750~800	710~730	740~780	760~780
	铝水平/cm		20	15			18
	电解质水平/cm		12~15	10			10
	合金水平/cm		25~35	25			22
	槽工作电压/V			4.4			5.4

二、偏析炉

偏析炉主要由炉体、石墨坩埚、不锈钢外壳、电阻加热装置、升降装置（带石墨压体）、结晶刮板、油压装置和惰性气体供应装置等组成。偏析炉结构示意图如图5-25所示。

日本三井公司开发的1.5t/d偏析炉的主要操作工艺为：

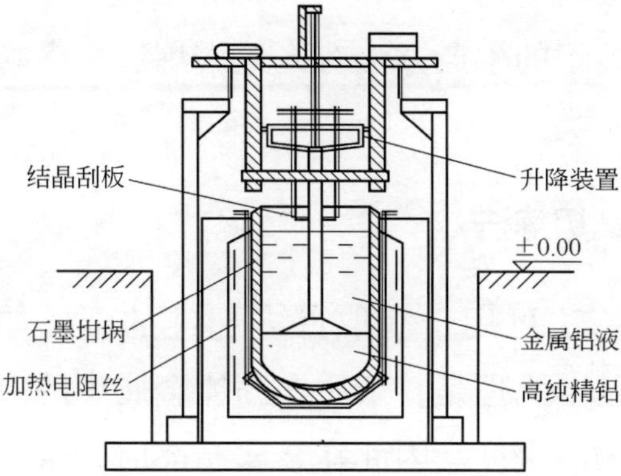

图 5-25　偏析炉结构示意图

温度 700 ~ 740℃，熔化与偏析时间 14 ~ 16h。主要经济指标为：提纯率 50% ~ 60%，吨铝交流电耗 800 ~ 1000kW · h，产品铝纯度一般为 Al99.95% ~ 99.995%。

第四节　超高纯铝生产方法

一般铝含量在 Al99.999% 及以上的工业纯铝被称为超高纯铝，其铝纯度可达到 Al99.999% ~ 99.99999%（俗称 5 ~ 7N 级高纯铝产品）。

超高纯铝主要用于制造半导体和超导体材料，为尽可能避免其他杂质元素对半导体导电性能造成负面影响，高纯铝对杂质含量的限制已经达到了 10 亿分之一级的要求。对于特定用途的超高纯铝而言，除铝以外的其他元素含量最多不能超过 0.4ppb（0.4×10^{-9}）。因此，超高纯铝生产过程中的工艺控制极其严格。

制取高纯铝的生产方法有区域熔炼法、串联法和低价卤合物蒸馏法三类。

一、区域熔炼法

区域熔炼法可用于获取许多超纯的金属如铝、硅、锗等。此法的基本原理是，杂质在固体金属中的溶解度低于在熔体金属中的溶解度。因此在金属结晶时，杂质大部分集中在熔融金属中。如果沿着金属试样的纵长方向移动熔融区域，则杂质将被排挤到熔融金属的一端去。最后将此端切去，即可得到纯度极高的金属。

区域熔炼装置如图 5-26 所示。

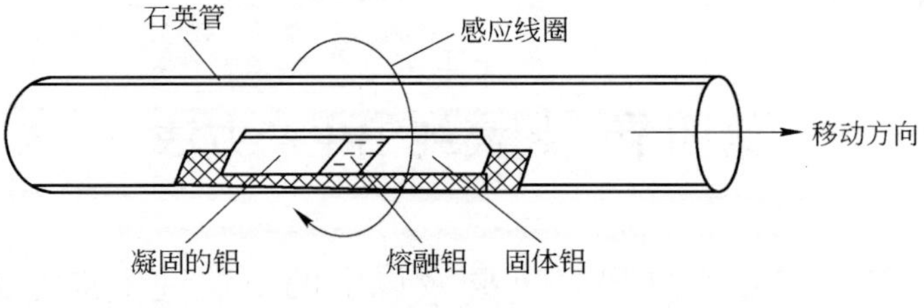

图 5-26　区域熔炼装置示意图

利用区域熔炼法提纯铝，可以得到铝纯度约为 99.9999% 的超高纯铝。

二、串联法

所谓串联法生产高纯铝，是指原铝经过三层液铝电解精炼法提纯后，再进一步采用偏析法进行多次提纯铝的联合方法。

三、低价卤合物蒸馏法

此法的原理为：在高温下铝与其卤素化合物（如 $AlCl_3$、AlF_3、$AlBr_3$）反应生成低价化合物，然后在低温下分解为纯铝与原来的卤素化合物，其反应如下：

$$AlF_{3气} + 2Al_{液} \longrightarrow 3AlF_{气} \longrightarrow 2Al_{液} + AlF_{3气}$$

$$AlCl_{3气} + 2Al_{液} \longrightarrow 3AlCl_{气} \longrightarrow 2Al_{液} + AlCl_{3气}$$

铝能够生成低价化合物是由于它的原子最外层的 3p 层价电子与原子核的联结比其他两个 3s 层价电子弱（它们的电离势分别为 137.3kcal/mol、430.6kcal/mol 和 652.1kcal/mol，1cal = 4.1868J）。

第五章　铝加工技术与装备

第一节　铝加工概述

铝合金的密度低，但强度较高，具有优良的导电性、导热性和抗蚀性，塑性好，可加工成各种形状的材料。铝加工材在交通、化工、机械、电力、电子、建筑、农业、轻工、航空航天和国防工业等部门及日常生活用品中均有广泛用途。

铝加工材的主要品种有板、带、箔、管、棒、型、线、锻件和其他。

铝合金按加工方法可以分为变形铝合金和铸造铝合金。铸造铝合金在铸态下使用，按化学成分可分为铝硅合金、铝铜合金、铝镁合金、铝锌合金和铝稀土合金，其中铝硅合金分为简单铝硅合金和特殊铝硅合金。变形铝合金能承受压力加工，可加工成各种形态、规格的铝合金材。变形铝合金可分为：纯铝、包覆铝、防锈铝、硬铝、锻铝、超硬铝和特殊铝等。按照热处理特点，变形铝合金又可分为不可热处理强化的铝合金和可热处理强化的铝合金两类。

变形铝及铝合金的基本状态分为 5 种，见表 5-13。

表 5-13 变形铝及铝合金的基本状态分类

代　号	F	O	H	W	T
名称	自由加工状态	退火状态	加工硬化状态	固熔热处理状态	热处理状态

注：表中 T 不同于 F、O、H 状态，T 代号后面必须跟有一位或多位阿拉伯数字。

在国家标准中，变形铝及铝合金牌号分为 8 个系列，如表 5-14 所示。

表 5-14 中国变形铝及铝合金新旧材料类别及牌号对比

新牌号		旧牌号	
牌　号	特　点	牌　号	特　点
1×××、1A××、1B××系列	纯铝	L×	工业纯铝
2×××、2A××、2B××系列	Al-Cu-Mg 系列	LY××、LD××	硬铝合金、锻铝合金

续表 5-14

新牌号		旧牌号	
牌　号	特　点	牌　号	特　点
3×××、3A××、3B××系列	Al-Mn-Cu 系列	LF××	防锈铝合金
4×××、4A××、4B××系列	铝硅合金系列	LT××	特殊铝合金
5×××、5A××、5B××系列	铝镁合金系列	LF××	防锈铝合金
6×××、6A××、6B××系列	铝镁硅合金系列	LD××	锻铝合金
7×××、7A××、7B××系列	铝锌镁合金系列	LC××	超硬铝合金
8×××、8A××、8B××系列	铝+其他元素系列	L×	工业纯铝
9×××系列	备用合金		

第二节　铝加工生产技术及装备

铝加工生产工艺主要包括：熔炼、铸造（包括压铸）、轧制、挤压、锻造等工序，各工序根据合金品种不同，产品规格和状态不同，生产任务不同，具有不同的生产工艺技术和装备。

一、铝熔铸生产

熔铸是铝加工的头道工序，通过熔炼、铸造或连铸连轧为加工车间提供铸锭或铸轧坯料。熔铸供料应满足铝加工的铝合金牌号、形状、尺寸规格、重量、内部组织及质量等要求。

铝熔铸生产的主要原材料有新金属、废料、中间合金或其他纯金属等。新金属是指由矿石冶炼出的工业纯金属。铝及铝合金的基体金属是重熔用铝锭或电解铝液，以及合金化元素镁、锌和铜等。废料又称回炉料，指在熔铸、铝加工等工序所产生的废料或工艺废品。

熔铸生产工艺主要包括配料、熔炼、熔体处理、铸造（包括压铸、铸轧）、均热等工序。主要生产设备有：熔铝炉、保温炉、磁搅拌装置、铝熔体在线处理系统、铸造机、均热炉和机加工设备等。

熔炼炉一般采用燃油、燃气熔炼炉或电阻熔炼炉。在国外，大型顶开圆形炉（图 5-27）和倾动式静止炉得到广泛应用，容量一般在 30t 以上，最大可达到 100t。而铸造机已

图 5-27 大型顶开圆形熔铝炉

普及使用液压式，铸造能力在100t以上，铸锭长度10m，最大铸锭单重可达30t。

二、铝板、带、箔材轧制生产

生产铝及铝合金板带材使用的原材料一般有：铸锭、铸轧坯或连铸连轧坯。

铸轧坯是由铸嘴将熔体均匀、连续地分配给两个内部通过冷却水的相对旋转的铸轧辊，铸轧出铝带坯。

铝及铝合金热轧板带的坯料主要有半连续铸造的扁铸锭及连铸坯料。连铸坯料主要由双带式铸造机供给后续热连轧的连铸坯料。它由上下两条平行运转的钢带、钢带上的链式金属挡块、驱动钢带的转轮以及钢带冷却系统组成。铝板带热轧机组如图5-28所示。

图5-28　铝板带热轧机组

铝及铝合金板带箔材的基本生产工序有热轧、冷轧、箔轧、热处理和精整等。轧制是锭坯依靠摩擦力被拉进旋转的轧辊间，借助于轧辊施加的压力，使其横断面减小，形状改变，厚度变薄而长度增加的一种塑性变形过程。

板带箔材生产设备主要包括：铣面机、铸锭加热炉、热轧机、冷轧机、铝箔轧机、热处理炉（均匀化炉、淬火炉、退火炉、时效炉）、精整矫直设备（纵切机、横切机、拉伸机、矫直机、涂层机组和铝箔剪切机、合卷机、分卷机等）以及酸洗机、清洗机、涂油包装机等装置。

典型的热轧供坯铝板带材生产工艺流程如图 5-29 所示。

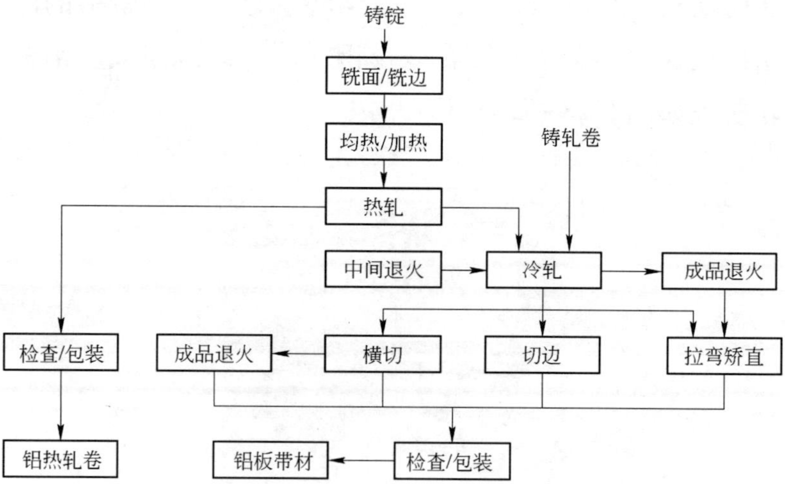

图 5-29 典型的热轧供坯铝板带材生产工艺流程简图

三、铝管、棒、型材挤压生产

铝管、棒、型材生产所用的原料为铝及铝合金圆铸锭

(空心或实心锭)。通过挤压方法及随后的加工处理生产出铝及铝合金管材、棒材（图 5-30）和型材产品。

图 5-30 铝合金棒材

铝及铝合金型、棒材品种规格繁多，断面复杂，生产多采用挤压方法。铝及铝合金管材的生产方法主要有挤压法、斜轧穿孔法等，由于挤压管材质量好，能生产的品种多，调整规格品种方便，管材生产也普遍采用挤压法。

铝管、棒、型材的生产方法一般采用直接挤压法、挤压—拉伸法和挤压—轧制—拉伸法。挤压是将锭坯装入挤压筒中，通过挤压轴对金属施加压力，产生塑性变形而获得所要求的产品的一种加工过程。挤压主要分为正向挤压法和反向挤压法。按挤压工艺特点分为热挤压、冷挤压、润滑挤压、宽展挤压、扁挤压、筒挤压和变断面型材挤压法等。生产工艺为铸锭加热、挤压、淬火、精整（张力矫直、锯切）等，主要设备包括铸锭加热炉、挤压机、牵引机、张力矫直机、时效炉、淬火炉等。轧制—拉伸法具有较大的道次冷加工率，可生产尺寸精确、表面质量高的薄壁管材。管材生产的主要设备有铸锭加热炉、挤压机、机后辅机、冷轧管机、拉伸机、热处理炉、管棒辊式矫直机、锯切设备等。

典型的挤制铝合金管棒型材生产工艺流程如图 5-31 所示。

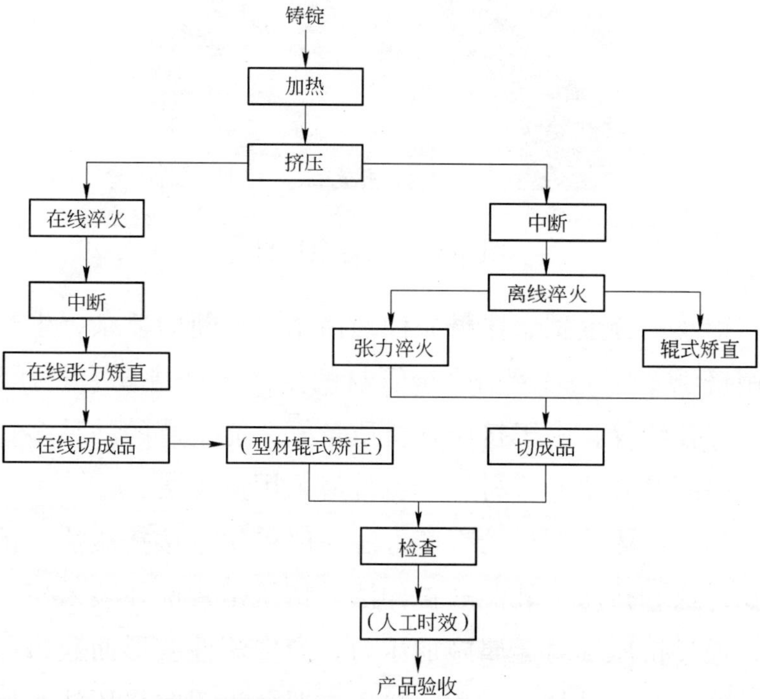

图 5-31 典型的挤制铝合金管棒型材生产工艺流程简图

四、铝合金锻造生产

铝合金锻件的生产所用原料为铝合金铸锭及挤压棒坯。

铝锻件生产主要包括锭坯制备、锻造、切边、热处理、表面清理、检测等。铝合金锻造主要有自由锻和模锻两种基本方法。铝合金汽车轮毂的照片如图5-32所示。

图5-32　铝合金汽车轮毂

主要设备有铸锭加热炉、锻压机、切边机、热处理炉等。一般尺寸小、形状简单、偏差要求不严的铝锻件可在锻锤上锻造，对于大型、复杂、变形剧烈的锻件宜在液（水）压机上锻造，大型精密环形锻件宜采用精密轧环机轧锻。

铝合金锻压生产的新工艺、新技术有液体模锻、半固体模锻、等温模锻、粉末锻造、多向锻造、无斜度精密模锻等。采用专用计算机软件控制锻造温度、压力、变形程度(欠压量)、工艺润滑等工艺参数，为控制制品尺寸、内部组织及力学性能等提供了可靠的保证。

五、铝压铸件生产

铝压铸即压力铸造铝合金，是一种熔融铝合金液倒入压室内，以高速充填钢制模具的型腔，并使合金液在压力下凝固而形成铸件的铸造方法。压铸合金、压铸模具与压铸机是压铸生产的三大要素。压铸生产工艺是将这三大要素合理运用，生产出外观、内在质量、尺寸规格等符合规定要求的合格铸件。

第三节　铝材表面处理技术

铝材表面处理能够提高产品的装饰性、耐腐蚀性和功能用途。

（1）氧化着色。中国76%的建筑铝材均采用氧化着色方法作为最终处理或作为其他涂层法的底层处理，是一种应用最早、使用性能与经济性结合最好的表面处理方法。中国在着色产品中92%以上为古铜色，着成黑色或其他色调的不到8%。主导色调为银白色即不着色，占型材总产量的60%左右。

（2）静电喷粉末喷涂法与氟碳喷涂法。静电喷涂法可分为喷一般的粉末与喷氟碳法，也可以喷涂漆，烘干后形成坚固的膜层。

（3）电泳涂漆（ED）法。在直流电压作用下，分散在介质中的带电胶体粒子在电场作用下向与其所带电荷相反的电极方向移动，叫电泳。电泳涂料主要是透明的、具耐候性的丙烯酸类和聚氨酯类。铝型材经阳极氧化和电解着色后再进行电泳涂装，有双层保护作用。具有高透明度，高度金属质感，高耐蚀及高耐候性，比喷漆、粉末喷涂更具装饰性。

（4）木纹处理。木纹处理法是当前铝材最先进的处理工艺之一，表面图纹处理最常用的方法是转印法。

（5）化学着色法。化学着色法也称染色法，是将经过氧化处理的铝材浸泡于含有着色剂并加热到一定温度的水溶液中处理后，再在沸水中封孔。着色后的铝材色调鲜明。

（6）抛光处理。铝材的抛光处理大体上可分为化学抛光与机械抛光两大类。化学抛光主要采用三酸法。

（7）涂层处理。涂层处理是在铝板带材上涂覆一层带色彩或图案的涂料，以提高其抗腐蚀性能和增强装饰美观效果。

第六篇

铝工业的技术进步及新材料

第一章　铝土矿采矿的技术进步

铝土矿采矿技术进步，主要是根据矿体厚度、顶底板坡度、顶底板岩性，以及含泥铝土矿特性、物理力学性质等特点，开发应用先进可靠、经济合理的采矿工艺与装备技术。常见采矿技术有以下几种：

（1）岩体爆破技术。为解决洛阳贾沟矿区复杂地质条件及矿石大块产出率高的问题，根据岩体弱面分布规律，建立了矿区爆破模型并设计模拟台阶试件，为寻求合理的装药结构、孔网、爆孔与矿体结构等参数提供了科学依据。工业试验结果表明：采用高精度导爆管及逐孔爆破技术，大块率下降44%，电铲效率提高45%，爆破量提高28%，炸药单耗降低21%，而且还可减少作业对周围环境的影响。

（2）装载机-液压反铲技术。主要开采灰岩和黏土类底板，且矿体厚度较大，顶底板坡度较缓的矿体，装载机作业后形成液压反铲作业平台，其最小工作平台宽度不小于20~30m。

（3）推土机-液压反铲技术。主要用于开采灰岩类底板，且矿体厚度较小，或者矿体厚度虽较大但坡度较陡的矿体，由推土机推平拓宽准备液压反铲的作业平台，其宽度不小于最小工作平台宽度22m。

（4）推土机-装载机技术。主要用于开采矿层薄、坡度陡或上述3种采矿工艺难以开采的各类底板性质的矿体，可按照不同坡度情况采用推土机沿倾向集矿，装载机长条形铲装；推土机沿倾向集矿，装载机定点铲装的回采方法。

（5）液压支柱代替矿柱回采工艺。该工艺通过液压支柱代替部分矿柱，加大了矿柱的间距，矿柱间距由普通采场的9m左右增大到12m左右，减小了矿柱的尺寸和数量。与普通采场相比，矿柱的数量减少了40%左右，而部分矿体较薄位置的矿柱尺寸可以由普通采场的3m（直径）减小到2m（直径）。在保障工作面安全的前提下，提高了铝土矿的回采率，整个采场矿石回采率由74.02%提高到87.56%。

（6）机械化开采技术。贵铝银厂坡、山西兴县黄辉头和奥家湾矿区采用锚杆护顶的机械化全面采矿法和房柱采矿法。汽车运输降低了工人劳动强度，提高了劳动生产率，而且安全可靠性得到了大幅提升。该工艺机动灵活，适应性强，除基建期和生产前2年废石需要堆存在地表外，其余废石均可回填在采空区，基本做到了无废开采。

（7）综采试验。为了提高铝土矿开采强度，实现连续开采，对于矿石极限抗压强度不大于50MPa的铝土矿可以借鉴煤矿的综采工艺，进而实现铝土矿开采的较大突破。

（8）松土机-前装机-汽车高效回采工艺。山西孝义铝矿采用分层回采新方法，在复杂的缓倾斜和品位变化大的矿床赋存条件下，成功开发了松土机-前装机-汽车高效回采工艺，解决了矿体厚度变化大以及边角矿、陡坡矿等复杂矿体回采等难题，显著降低了采矿损失率和贫化率。

第二章　铝土矿选矿的技术进步

第一节　拜耳法选矿技术

探索采用洗矿—破碎—磨矿—磁选—浮选—过滤流程工艺，以期将矿石中 Al_2O_3 含量提高到55%以上、SiO_2 含量降低至6%左右、铝硅比由3～4提高至7～8，并实现铝土矿中金属铁回收率在50%以上，综合回收镓等有价金属及尾矿资源。

铝土矿正、反浮选脱硅工艺流程如图6-1、图6-2所示。

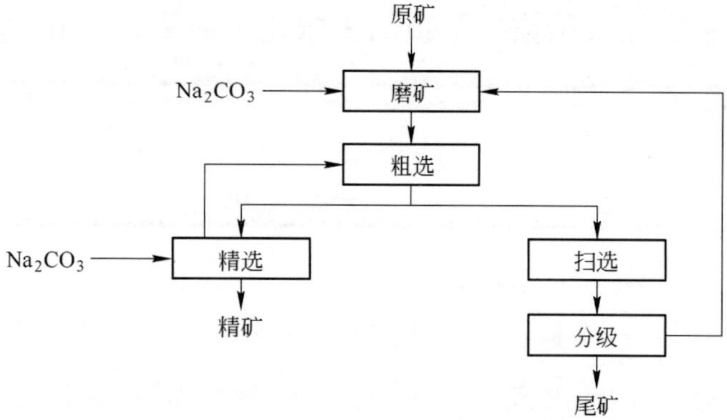

图6-1　铝土矿正浮选脱硅工艺流程简图

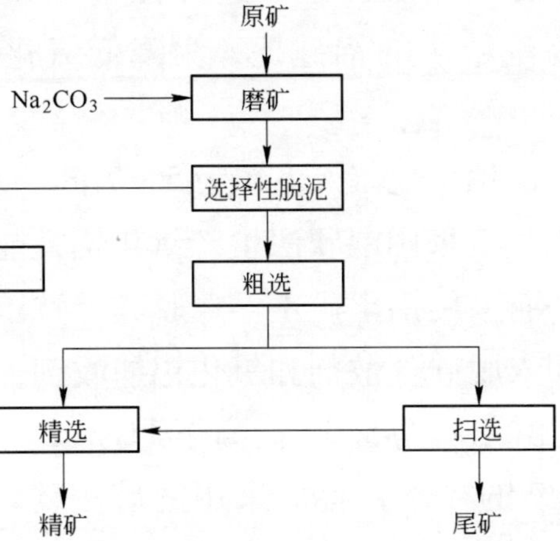

图 6-2 铝土矿反浮选脱硅工艺流程简图

铝土矿选矿生产的代表性指标如表 6-1 所示。

表 6-1 铝土矿选矿产品代表性指标

产 品	产出率/%	品位/%		A/S	Al_2O_3 回收率 /%
		Al_2O_3	SiO_2		
原 矿	100	63.50	11.14	5.7	100.00
尾 矿	21	42.62	32.52	1.31	14.80
精 矿	79	69.70	6.27	11.12	85.92

第二节 铝土矿浮选脱硅技术

由于中国铝土矿以一水硬铝石型（$Al_2O_3 \cdot H_2O$）矿石为主，这类矿石高硅、高铁、难溶、能耗高，而且矿石品位在逐年下降。针对这一特点，国内开发了适应性更强的选矿方法，如正浮选、反浮选、选择性絮凝和洗矿 + 选矿等工艺，以提高洗精矿的铝硅比，为降低氧化铝生产成本创造条件。

以铝土矿铝硅比（A/S）为 5 ~ 7 的一水硬铝石矿为例，若未经选矿直接采用混联法生产氧化铝，能耗比拜耳法要高约 1 倍多。而采用铝土矿正浮选脱硅浮选工艺，以碳酸钠为调整剂，加入脱硅分散剂和氧化铝捕收剂，可实现精矿铝硅比（A/S）由原矿的 5.90 提高至 11.39，精矿 Al_2O_3 回收率达到 86.45% 的浮选指标。采用洗矿—破碎—磨矿—磁选—浮选—过滤流程，除可提高矿石铝硅比，更适应于后续采用拜耳法氧化铝生产工艺外，还可为回收铝土矿中的金属铁、有价金属镓以及综合利用尾矿资源打下良好基础。

第三章 氧化铝生产的技术进步

第一节 中低品位铝土矿生产氧化铝技术

由于中低品位铝土矿的氧化铝含量低，铝硅比接近 3 ~ 4，洗矿脱除矿泥及部分硅后，精矿铝硅比上升的空间有限。因此，需要结合国情，研究开发中低品位铝土矿与低成本生产氧化铝技术，以提高精矿的铝硅比，降低氧化铝生产成本。

一、石灰拜耳法技术

石灰拜耳法工艺就是在传统拜耳法的基础上，适当提高石灰的添加量，使原矿浆中钙硅比达到2.0左右，拜耳法经强化溶出赤泥的铝硅比基本仍保持在1.3左右，钠硅比约为0.2~0.3，达到外排条件。

石灰拜耳法可处理铝硅比在5~7之间的铝土矿，其工艺流程与常规拜耳法完全一样。石灰拜耳法与联合法相比取消了高热耗的熟料烧结过程及相应的湿法生产系统，建设投资少，生产能耗低。此法的缺点是铝土矿中的Al_2O_3损失相对较大，矿石中氧化铝的总回收率比常规拜耳法低，但仍然是一个经济地处理中等品位铝土矿的氧化铝生产工艺，目前中国许多氧化铝厂都采用此生产方法。

二、选矿拜耳法技术

选矿拜耳法的特点是所用的铝土矿来自经选矿提升铝硅比后的选精矿。其优点是可处理中低品位铝土矿，经选矿提升铝硅比后的选精矿用拜耳法处理，比采用联合法生产的流程简单，能耗低。选矿拜耳法的缺点是矿石中Al_2O_3的总回收率较低，但也还是一个能经济地处理中低品位铝土矿的氧化铝生产方法。目前中国铝业的中州分公司、河南分公司均采用此项新技术生产氧化铝。

三、强化烧结法技术

为了降低烧结法的生产成本，中国开发了强化烧结法生产氧化铝的新工艺技术。该工艺的两个突出点为：一是优化熟料的工艺配方，采用较高品位的矿石，使熟料中氧化铝含量得到明显的提高，氧化铝含量由传统烧结法的25%～35%提高至约39%；二是湿法系统浓度提高，同时低钙配方又降低了石灰石的消耗。强化烧结法与传统烧结法生产氧化铝的主要指标对比列于表6-2中。

表6-2 强化烧结法与传统烧结法生产氧化铝的主要指标对比

生产工艺	铝土矿 A/S	熟料 A/S	熟料中 Al_2O_3 含量/%	能耗（Al_2O_3）/GJ·g^{-1}
传统烧结法	4.77	3.30	34.79	53.32
强化烧结法	6.83	4.42	38.81	40.16

第二节 设备大型化的研究

在氧化铝冶炼技术发明的初期，由于受当时技术发展的限制，氧化铝生产单条生产线的产能不高。在中国，1954年第一个建成的山东氧化铝厂的年产能仅为3.5万吨。随着各方面技术的发展，氧化铝生产的产能在逐渐扩大，1965年建成的郑州氧化铝厂产能已达到了20万吨。

近20年来，氧化铝厂之间的竞争逐渐体现在企业规模效益方面，而小产能企业的均摊成本过高已成瓶颈，因而，铝厂产能大型化需求催生了氧化铝生产设备大型化的开发应用。目前，世界上最大的氧化铝厂的单条生产线年产能已达100万吨以上。

第三节　高硫铝土矿、高铁三水铝土矿生产技术

中国贵州、四川、云南和山东都有一定量的高硫铝土矿，且铝硅比较高，由于采用拜耳法或烧结法均不能直接处理这类矿，故目前资源尚未得到工业化应用。因而开发选矿脱硫技术、生物脱硫技术和氧化铝生产过程有效脱硫技术意义重大。另外，广西地区有部分高铁三水铝石型铝土矿，其综合利用技术也正在研究开发。

第四章　化学品氧化铝的技术进步

第一节　高白氢氧化铝

一、生产工艺的改进

通过利用不同的分解方法，不同的分解制度和后加工艺，对玛瑙填料氢氧化铝进行处理，使产品的吸油率从0.35mL/g降至0.25mL/g，达到日本住友CW系列产品标准。采用硅烷或硬脂酸等偶联剂做表面处理先进生产技术，经过多种助剂和偶联剂活化改性表面处理，细度高，粒度分布窄，阻燃效果好，白度高，容重低，可改善氢氧化铝与树脂的结合性和加工性，使之兼具阻燃和填充双重性能。

二、高效设备的开发

近年来，国内在玛瑙填料生产中采用许多新的高效生产设备，包括平盘过滤机、旋转过滤机、带式真空过滤机等。

第二节 活性氧化铝

随着活性氧化铝的应用市场拓展和用户对性能及质量的要求提高，国内在提高活性氧化铝品质和新产品开发方面取得了不少进步。

一、汽车尾气净化器活性氧化铝的开发

2002 年，中国铝业郑州研究院开发了适合中国国情的汽车尾气净化器用催化剂的载体涂层活性氧化铝材料，通过采用水合含碳活性氧化铝制备工艺，加入热稳定助剂，改善了产品的孔结构，抑制了高温下微孔的烧结，明显优化了产品的表面性能，并提高了其热稳定性。

二、提高活性氧化铝质量

2001 年中国铝业山东分公司制备出的 AA-286 活性氧化铝球，具有吸附净化效果好、吸附能力强的特点，产品质量达到：强度不小于 45N/颗，比表面积 280 ~ 320m^2/g，密度 0.75 ~ 0.8g/mL，孔容不小于 0.43mL/g，粒径 $\phi = 1.5 \sim 2.8$mm。

第三节 超细氢氧化铝

一、提高氢氧化铝的热稳定性

许多热塑性塑料和高温橡胶的成型加工温度都超过220℃，而氢氧化铝热稳定性稍差，初始脱水温度较低。因此，提高超细氢氧化铝热稳定性一直是改进生产技术和优化质量的重点。

二、开发高效的表面改性剂及先进的改性工艺

改善氢氧化铝粉体的表面性质，可降低超细氢氧化铝的添加量，改善合成材料的加工性能和力学性能。因而应开发来源广、价格低、应用性能好的高效表面改性剂，并开发新的表面改性工艺和配物技术。

三、氢氧化铝的纤维化

改善超细氢氧化铝的粒度分布，开发出生产纤维状或针状氢氧化铝的技术，既可起到较好的阻燃效果，也可改善高分子材料的力学性能。目前国外已开发了针状和鳞片状氢氧化铝，但成本很高。因此，降低成本，生产适当长径比的纤维状氢氧化铝成为技术研发的关键。

第四节 高纯氧化铝的发展

纯度超过99.99%的超高纯氧化铝粉体作为一种新兴的

高科技产品，在国内外市场具有广泛的应用前景。国内电子、人工晶体、化工、机械等行业的年需求量在200t以上，国外市场年需求量在2000t以上。因而，开发表面性能更优越的粉体，改进超高纯氧化铝粉体的生产技术和改善技术装备已是发展趋势。

第五节　高温氧化铝新产品开发

一、高烧结活性氧化铝粉体

中国科学院上海硅酸盐研究所开发了高烧结活性氧化铝粉体的制备工艺，以含铝无机盐为主要原料，碳酸氢铵为沉淀剂，经沉淀陈化、离子洗涤、烘干、煅烧，获得晶粒尺寸小于400mm的亚微米及纳米级氧化铝粉体，非常适合于高档氧化铝陶瓷材料的制备。

二、不锈钢镜面抛光用 α-Al_2O_3 系列产品

主要包括不锈钢抛光蜡用 α-Al_2O_3 微粉，平均粒径5～7μm，不锈钢抛光液用 α-Al_2O_3 超细微粉，平均粒径1～2μm，不锈钢抛光膏用亚微米 α-Al_2O_3，平均粒径0.5～1μm等。

三、电子陶瓷用 α-Al_2O_3 超细微粉

这种 α-Al_2O_3 超细微粉生产基片产品的加压密度、收缩

率、烧成密度、成瓷表面光洁度及电气性能等指标优越，是集成电路电子基片行业发展的重要原料。

四、高性能环氧树脂填料氧化铝的开发

环氧树脂填料氧化铝是用环氧树脂浇注法生产 SF_6 高压开关系统绝缘部件所必需的关键原材料，主要用于生产 110 ~500kV 以上大型 SF_6 高压开关设备的浇注绝缘件。

第六节　拟薄水铝石生产

一、大孔容、大表面拟薄水铝石生产技术

为了消除原料结构大分子内扩散控制的影响，要求氧化铝催化剂载体及活性氧化铝前驱体——拟薄水铝石的孔径大于 0.5mL/g，比表面积达到 $200m^2/g$ 以上，这种大孔容、大表面的拟薄水铝石在中国的年需求量高达 2 万吨以上。

天津化工研究设计院和中国铝业山西分公司分别开发了碳酸化法生产大孔容拟薄水铝石技术，采用氧化铝厂的铝酸钠溶液和二氧化碳为原料，经碳酸化、老化、过滤、干燥等工艺，制备了大孔容、大表面的拟薄水铝石。

二、旋转闪蒸干燥器在拟薄水铝石生产中的应用

在生产拟薄水铝石的烘干过程中，应用旋转闪蒸干燥器技术，可以使拟薄水铝石的胶溶指数由 96.5% 以下提高至

97.5%以上，产品孔容和比表面积提高10%以上，烘干产量增加，生产成本降低，产品质量和稳定性提高。

第五章 电解铝的技术进步

近年来，国内外电解铝工业在能源危机和环保政策的压力下，正在呈现出大幅度兼并重组，产能向能源富集地转移和节能、降耗及减排技术创新的发展趋势。

第一节 “绿色”铝电解新工艺技术

“绿色”铝电解新工艺是节能减排的诱人发展方向，多年来几大国际铝业公司都进行不懈的探索研究，目前，具有一定工业应用价值的方法有以下几种。

一、惰性阳极技术

铝电解惰性阳极是指电解过程中采用了不消耗或消耗极为缓慢的阳极。当使用惰性阳极时，阳极区域将析出氧气，其反应过程如下[6]：

$$Al_2O_{3(液)} = 2Al_{(液)} + 1.5O_{2(气)}$$

其优点是：与现有消耗炭阳极的电解工艺相比，成本大幅降低，且不排放与炭阳极有关的污染物如二氧化碳、沥青烟和氟化碳等，环保效益显著。其不足之处是上述反应式的可逆分解电压在977℃时为2.21V，高于传统电解铝生产在同温度下的分解电压1.18V。

目前，国内外已研究的惰性阳极技术主要包括：尖晶石型（AB_2O_4）复合金属氧化物阳极、CeO_2 氧化物涂层阳极、Cu-Al 合金阳极、Ni-Fe 基合金阳极、NiF_2O_4 基金属陶瓷阳极、气体惰性阳极等。另外采用900℃以下的低温电解也是解决惰性阳极腐蚀的重点研究内容之一。

2001年美铝（Alcoa）开展了惰性阳极试验，目标为电流效率95%，槽电压4.2V，直流电耗13.2kW·h/kg-Al，电解温度960℃，α-氧化铝饱和度33%，能耗相对节约15%～32%。但惰性阳极的“材料寿命”与“金属腐蚀”问题尚未解决，而且电解条件苛刻，要求低温、高氧化铝浓度（6%～7%）和低阳极电流密度（0.2A/cm^2），因而至今尚不能推广应用。

二、氯化铝电解法制铝技术

1973年美铝（Alcoa）采用双极性电极多室电解槽，以工业纯氧化铝为原料，研究了一种 $AlCl_3$ 电解制铝法新工艺。与冰晶石-氧化铝熔盐电解法相比，在电流密度为0.8～2.3A/cm^2 时，电解槽的室电压为2.7V，试验结果表明，可节电30%，此外还有占地面积小、单槽产量高，可避免强磁场，氯气返回利用等优点。该公司于1976年在得克萨斯州建成一座年铝产能15kt的试验工厂。

三、可湿润阴极技术

可湿润阴极是指在铝电解槽用的阴极炭块表面增加一层

惰性材料，以提高金属铝液与阴极的湿润性，减小铝液流动阻力，有助于降低铝液界面波动和阴阳极工作极距，实现节能。同时可增强炭阴极表面的抗磨损性、抗钠吸收和抗电解质渗透能力，延长槽内衬使用寿命。

目前主要研究的方向是：具有高熔点、高硬度、导电与导热性强及与铝湿润性良好的 Ti 和 Zr 的硼化物与碳化物材料、TiB_2 陶瓷可湿润阴极材料、TiB_2-C（硼化钛-碳）或 TiB_2-G（硼化钛-石墨）复合可湿润阴极材料、TiB_2 可湿润阴极涂层材料等。可湿润阴极技术在国内外已广泛进行了工业试验，但由于 TiB_2 和 ZrB_2 化合物脆性大、抗热震性差，加之价格偏高，一直未能得以规模化推广应用。

第二节 大容量、高效能性铝电解槽技术进一步再创新

一、铝电解槽物理场模拟优化技术

铝电解槽的物理场主要是指影响电解铝生产稳定性、效能指标和槽寿命的电场、热场、磁场、流场和力场。由于电解槽内连续发生着电化学反应和存在“液-固-气”三相流模型，而槽内电解质属于高温、强腐蚀性熔体，目前尚难以开发出可连续在线使用的一次性测量仪表。因而开发大容量、高效能的大型预焙铝电解槽技术，必须采用现代计算机应用技术。

铝电解槽的物理场关系如图 6-3 所示。

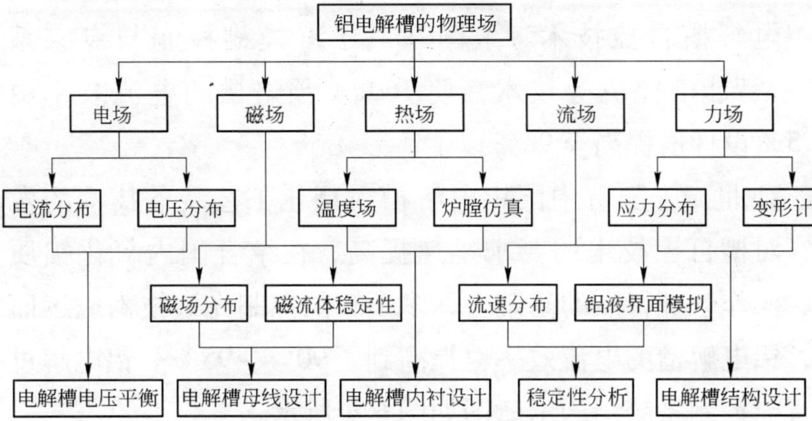

图 6-3　铝电解槽物理场关系示意图

二、大型高效能预焙槽技术研发

1999 年法铝（Pechiney）进行了 3 台 500kA 大型工业槽试验。21 世纪初，中铝国际联合中铝股份分别在中国铝业兰州分公司和连城分公司成功开发了 400kA 和 500kA 大型预焙阳极铝电解槽系列生产技术，而且铝电解槽的阳极电流密度逐步提高至 0.8A/cm^2 以上，对阳极、阴极质量提出了更高的要求。

目前，国内正在研制开发 600kA 超大型预焙阳极铝电解槽系列生产技术。

三、电解槽自控先进技术的开发应用

20 世纪，法铝（Pechiney）、美铝（Alcoa）和德国

VAW公司分别开发了以氧化铝浓度和槽电阻/电压为主要控制对象的“自适应”控制、“Cetrol”控制和“ELAS”控制等铝电解槽自控技术。中国开发了“模糊控制与专家系统”、智能槽控机等技术，使160kA预焙槽的电流效率由87.5%设计值提高至90%以上。

21世纪，随着中国铝电解槽大型化工艺装备技术的发展，对槽自控技术的要求迅速提高，在结合国内氧化铝质量、操作管理特点的基础上，多项智能控制先进技术应运而生，铝电解槽的电流效率也提高到了90%~95%。铝电解过程智能控制系统结构示意图如图6-4所示。

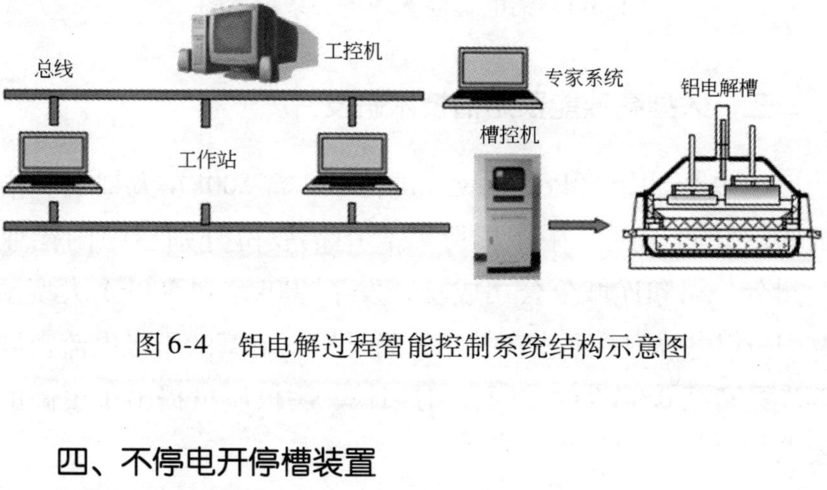

图6-4 铝电解过程智能控制系统结构示意图

四、不停电开停槽装置

传统电解铝生产只有在全系列停电的前提下，才能对系列中某台槽进行开槽或停槽操作。但停电会带来如负荷波动对电网频繁冲击大、自备电厂难以适应、电解系列减产和无功电耗增加及影响电解槽寿命等许多不利因素。

2006年11月，河南中孚实业股份有限公司开发的“大型铝电解系列不停电（全电流）技术及成套装置”通过鉴定。2009年中铝国际贵阳分公司开发的新型“铝电解槽不停电开停槽开关装置”在中铝公司160~500kA各铝电解系列全面推广使用，实现了全电流情况下安全、可靠和快捷地开/停电解槽。

第三节 铝电解槽生产技术进步

一、焙烧启动技术

新建和大修后的铝电解槽在进入正常生产之前，要经过焙烧与启动过程，使阴极炭块与周边的捣固糊料烧结焦化为一个牢固的整体，并使炉内温度升高至启动温度（约在750~950℃），为启槽做好准备，这就涉及焙烧启动技术。

电解槽的焙烧启动方法按加热方式可分为电阻焙烧和燃料焙烧两种，按焙烧介质又可分为铝液焙烧、焦粉（或石墨粉）焙烧、燃气焙烧三类。不同焙烧方法的优缺点如表6-3、表6-4所示。

表6-3 铝电解槽几种焙烧方法的优缺点比较

焙烧方法	铝液焙烧	焦粉焙烧	石墨粉焙烧	燃气焙烧
优点	操作简便 阳极电流均匀 电解质清洁	升温曲线易控 焙烧时间短 利于弥补内衬缺陷	温度梯度小 焙烧时间更短 利于弥补内衬缺陷	焙烧温度均匀 焙烧时间短 能耗相对低

续表 6-3

焙烧方法	铝液焙烧	焦粉焙烧	石墨粉焙烧	燃气焙烧
缺点	热冲击性大 易出现渗铝现象 焙烧能耗高	阴极温度分布易不均 电解质含炭渣多 装炉操作复杂	石墨价格较高 装炉操作复杂	炭块易氧化 设备较复杂 操作难度大

表 6-4 铝电解槽几种焙烧方法的时间和能耗比较

焙烧方法	铝液焙烧（160kA）	焦粒焙烧（155kA）	石墨粉焙烧（115kA）	气体焙烧（320kA）
焙烧能源	电能	电能	电能	燃气
焙烧时间/h	192	72	72	72
能耗/kW · h	56000	36734	14188	38428

铝电解槽的启动方法主要有干法启动和湿法启动两类，干法启动一般在新建铝厂尚无液体电解质和铝液可供时采用，其特点是需靠电加热熔化槽内的冰晶石以产生足够的电解质液体量；而湿法启动则需抽取其他已投产的电解槽所配备的启动用电解质液体和铝液，直接灌入新启槽内，实现快速启动。

二、电解槽系列强化电流技术

强化电流是指通过铝电解槽系列直流电流强度的强化增

容方法，实现电解铝厂铝产能在一定幅度上的提高，达到企业经营目标所追求的以最小投入，获取最大产出的一种增产方式。电解铝企业实施强化电流，具有投资省、见效快、成本低以及增产增效等优点，是企业直接提高经济效益的有效方法。

强化电流的限制条件主要有：整流机组可强化电流和直流输出电压的富裕程度，阳极质量及其电流密度，电解槽电热平衡设计和磁流体稳定性的可调范围等。

铝电解系列强化电流的方法主要包括：

（1）直接强化电流技术。指在保持槽型原设计或强化电流前的基本条件（如阳极尺寸、槽体结构和内衬配置）不变情况下，采取直接升高系列直流电流强度，达到提高槽阳极电流密度，实现增产的一种技术。

（2）加长阳极强化电流技术。是指电解槽大面和中缝加工面的宽度均足以满足加长阳极尺寸，并保持阳极电流密度不变或变化不大的条件下，实现强化电流。

（3）偏心阳极强化电流技术。指电解槽大面加工面的宽度可满足加长阳极尺寸，并保持阳极电流密度不变或变化不大的条件下，采用阳极导杆组装位置偏离阳极炭块中心线的阳极加长方式，实现强化电流。

（4）母线加厚强化电流技术。母线加厚强化电流技术是指电解槽大面加工面宽度可满足加长阳极尺寸，并保持阳极电流密度不变或变化不大的条件下，采用在阳极横铝母线外表面上与阳极导杆接触部位增焊一定厚度的铝板，使得阳极导杆安装位置向槽外偏移，满足加长阳极的安装位置，然后实现强化电流。

第四节 电解槽异地大修技术装备

铝电解槽一般运行几年后，因内衬受电解质侵蚀和各种应力作用而发生破损，需进行内衬更换即槽大修作业。目前，铝电解槽的内衬使用寿命一般在3~7年，最高可达10年。而槽大修的方法对电解槽的内衬筑炉质量、环境影响和铝电解厂的生产效益有重大影响。

槽大修方法可分为就地槽大修与异地槽大修两类。就地大修是指在电解槽所在电解车间的安装位置实施在线停槽、刨炉和筑炉的传统作业方法。其大修周期一般为35天以内。异地槽大修是指在电解铝厂设专用槽大修车间，利用专用设备将停槽待修的电解槽整体调运出电解车间至大修车间进行离线大修的方法。一般25万吨产能及以上或采用多个电解厂房平行配置的大型铝电解厂，可考虑采用电解槽异地大修方式。异地大修车间可包括备料区、刨炉区、筑炉区、多功能天车修理区、上部结构修理区5个功能区，其流水线作业周期一般为5~8天。

国外异地槽大修的主要装备包括阴极移动天车、龙门转运系统（图6-5a）、刨炉机（图6-5b）、糊料捣固机（图6-5c）、槽壳矫直机等。

a

b

c

图 6-5　异地槽大修的主要装备

a—龙门转运系统；b—刨炉机；

c—糊料捣固机

第六章　铝用炭素材料的技术进步

铝用炭素材料的技术进步主要体现在：提高产品质量稳定性及均质性，生产设备大型化及高效能，节能降耗及阳极新产品、阴极新产品的推广应用等方面。

第一节　生石油焦混配均化技术

由于地域、货源、价格等因素的影响，各供应商的生石油焦的挥发分、微量元素、硫含量等影响制品质量的指标相差较大。这一现状造成预焙阳极生产的主要原料——石油焦质量大幅波动，十分不利于预焙阳极质量的稳定，也影响到下游电解铝的相关指标的稳定。

加强石油焦微量元素及对成品质量、环境影响较大的指标的分析检验，并作为合理混配石油焦原料的依据，大力推广应用石油焦分区堆放和均配技术，提高产品质量稳定性及均质性。

第二节　应用劣质石油焦生产优质阳极技术

我国预焙阳极的一个特点是石油焦煅烧均设在炭素厂，

石油焦原料供货厂家繁多，质量差异较大，而国外只购买符合质量要求的煅后石油焦，这是中国阳极质量不稳定的主要原因。因此，为了应对石油焦供应质量不断劣质化，粉焦比例高、硫分和钒等有害微量元素含量升高的问题，重点的研发方向包括：粉状石油焦压密煅烧技术、石油焦脱硫固硫技术、劣质石油焦高温预处理技术、有害元素反应抑制技术、劣质石油焦混配与均质技术等。

第三节 预焙阳极厂的大型化

随着电解铝厂的电解槽容量和建设规模的扩大，单个电解系列的原铝产能已从过去的10万吨以下逐步发展到40万吨及以上，对配套的预焙阳极厂建设规模、生阳极生产线、预热螺旋、连续混捏机、振动成型机的产能匹配以及焙烧炉的结构设计也提出了大型化的需求。这方面技术主要包括：

（1）大型回转窑。中国传统回转窑的尺寸一般直径为1.7～2.0m，长度为36～45m，普遍存在石油焦的填充系数小、产量低、煅后焦质量差，真密度仅为1.98～2.02g/cm^3，很难适应大型铝电解槽较高阳极电流密度技术发展的要求。

2004年，山西华泽铝业炭素厂的原料煅烧中引进美国麦卓（Metso）公司大型回转窑技术，回转窑为ϕ3.43m×67.1m，冷却窑ϕ2.9m×24.38m，单机产能达到24t/h。2010年云南鑫源炭素有限公司60万吨年产能预焙阳极生产线引进了麦卓（Metso）公司 ϕ4m×68m 大型回转窑技术，冷却窑 ϕ3.05m×26m，单机产能达到30t/h。

（2）大型罐式煅烧炉。石油焦罐式煅烧炉具有煅烧焦质量好、炭质烧损低、单位能耗少、CO_2 排放量小、细焦损失小、产品综合回收率高、年运转率高、运行维护费用低等优点。但传统罐式炉却存在设备产能小（一般只有24或32罐，每台炉的产能仅2.4~3.2t/h）、控制水平低等缺点。目前国内外正在开发48~52罐，8~10层火道的大型罐式炉，以实现煅后焦真密度达到2.06~2.09g/m^3，煅后焦电阻率小于500μΩ·m，煅烧炭质烧损小于5%、煅烧温度偏差±30℃，脱硫效率不小于90%，单台产能可达到5.4~6.3t/h的目标。

第四节 连续预焙阳极技术

20世纪50年代，德国VAW公司开发了一种连续预焙阳极CPA（Continuous Prebaked Anode）生产工艺，并于1972年改进后在Eibewerk铝厂投产了7万吨产能的204台120kA连续预焙阳极铝电解槽系列。其特点是：采用整体阳极炭块及侧部插入导电钢棒的方式，阳极尺寸为2250mm×900mm×750mm，阳极表面呈锯齿状，并配套特制黏结糊，该黏结糊由焦炭和沥青组成，在75℃下可塑，焦化状态下能提供较强的机械连接作用。连续预焙槽如图6-6所示。

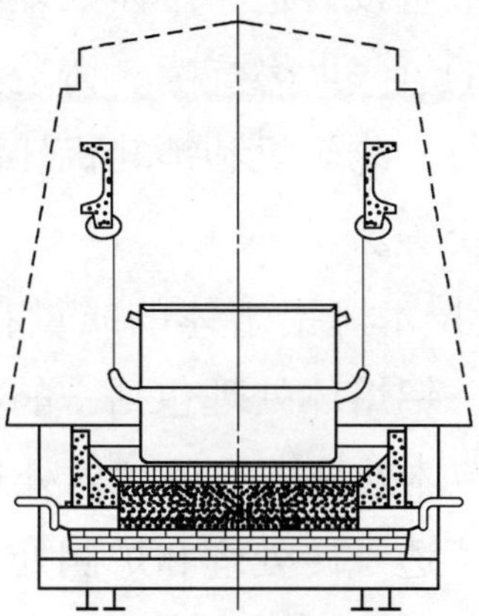

图 6-6　连续预焙槽示意图

第七章　铝加工的技术进步

全世界铝加工行业仍处在不断发展中，特别是 20 世纪 90 年代以来发展更为迅速。为了满足市场对高精度、低成本铝加工产品的需要，世界各国一直在开发研制各种先进的铝加工生产工艺技术和装备，以提高生产效率、产品精度和成品率，降低生产成本。目前铝加工材生产技术总的发展趋势是规模化、专业化，在铝加工生产中实现高速化、精密化、自动化、智能化、过程最优化控制、操作自动化、存储管理立体化和智能化等。此外，在铝加工材的精整与表面处理、工艺润滑和过滤、退火与除油等方面的技术进步和装备水平的提高也是生产高质量铝加工材的必要条件。

目前中国铝加工在技术进步和节能减排方面采用的铝加

工技术有：电解铝液直接铸造、熔体处理技术、等温熔炼技术、火焰长度可调的氧气助燃烧嘴、铸造大扁锭技术、铸锭均热和加热同时进行、冷轧机和箔轧机轧制油再生、铝挤压技术、智能仓储系统等。

（1）熔体处理技术。铝熔体的质量在很大程度上决定着最终产品的质量。铝熔体处理包括：晶粒细化、精炼除气和过滤。目前，铝熔体处理多采用炉内处理和在线处理相结合。炉内处理发展了透气砖处理和炉侧处理，炉外处理发展了深床过滤和陶瓷管过滤，大大提高了铝熔体的质量。

（2）火焰长度可调的氧气助燃烧嘴。氧气助燃烧嘴已在铝及其他有色金属熔炼中获得了日益广泛的应用，与空气助燃烧嘴相比的优点为生产率高、能耗低、排放的烟气少，生产成本也有所下降。

（3）复合锭铸造法。2006 年 6 月，Novelis 公司宣布，经过多年开发，该公司的复合锭铸造法已进入商业化生产，可以生产由任何铝合金组合而成的复合板带材，为汽车散热复合板带箔和航空包铝的 2000 系及 7000 系合金生产开辟出一条优质低成本的途径，大大扩大了复合铝合金板带箔的品种，许多用传统复合法难以生产或甚至根本无法生产的轧制材料都可以生产了。

从 2006 年开始，洛阳有色金属加工设计研究院、苏州研究院与中铝山东分公司合作开展了铝基复合材料的研发。2008 年 5 月取得了重大突破，制备出新型复合材料，并实现了小批量生产。

（4）铸造大扁锭技术。铝及铝合金大扁锭生产在国外普遍采用直接水冷（DC）铸造技术，每次可同时铸3～5块大扁锭（图6-7），其优点是单机生产能力大，能够适合各种铝及铝合金品种的生产。

图6-7　铝大扁锭

采用大扁锭生产需要提高整个生产线的装机水平，提高了设备造价，但使成品率提高，从而提高了经济效益。

（5）铸锭均热和加热同时进行。部分铝合金扁铸锭在新型的扁锭加热炉中都可以做到均热和加热同时进行。可以节约能源，缩短生产周期，减少生产设备数量。

（6）冷轧机和铝箔轧机轧制油再生。将冷轧机和铝箔轧机生产过程中排出的油烟，通过轧制油回收系统和再生装置等，将轧制油回收、净化后循环重复再利用。

（7）高架仓库和智能平面库。智能化储存库有高架仓库与智能仓库两种形式。高架仓库是利用计算机硬件和软件技术，对车间内的铝材来料、在制品的储存和运输进行立体多层存放管理，以减少占地，实现物料管理计算机化。而智能平库是利用智能天车对货物进行运输和定位存放管理，货物在仓库中单层存放。

（8）等温挤压。等温挤压法更适合于临界挤压速度低的硬铝合金生产。对挤压速度较高的软合金，通常采取铸锭梯度加热或梯度冷却和挤压减速控制等方法模拟等温挤压。

（9）反向挤压技术。铝和铝合金的热挤压通常采用正向挤压和反向挤压两种方式，目前国际上普遍采用的是正向挤压法。反向挤压比正向挤压所要求的挤压力减小10%～30%，铸锭和挤压筒表面没有摩擦，温升小，金属流动均匀，制品的组织性能均匀、尺寸精度高，可采用较高的挤压速度，还可减少能耗，提高生产效率和成品率。但反向挤压所需铸锭表面质量高，挤压工具费用高。

（10）铝合金喷射成型技术。金属喷射成型技术是一种快速凝固近终成型材料制备的新技术，其最突出的特点在于把液态金属的雾化（快速凝固）和雾化熔滴的沉积（熔滴动态致密固化）自然结合起来，在一步冶金操作中完成。以最少的工序，直接从液态金属制取具有快速凝固组织、整体致密、接近零件实际尺寸的高性能材料和半成品坯件。

目前，各种先进的铝加工技术和装备仍在不断的研发过程中，也将会陆续应用到生产当中。这将极大地促进铝加工行业的技术进步以及各种新兴高精度产品在包装、交通运输、建筑、电子、航空航天等行业的应用。新工艺、新技术、新材料的研究成功和生产应用必将会推动中国铝加工生产技术和装备的优化升级，提高中国铝加工工业的国际竞争力。

第八章　铝及铝合金材料的进展

第一节　传统铝合金的改进

传统铝合金主要包括：纯铝系列的铝合金、Al-Mg 系列、Al-Mn 系列、Al-Cu-Mg 系列、Al-Zn-Mg-Cu 系列等。随着应用市场对材料要求的提高，对传统铝合金的改进主要有如下几个方面：

（1）限制合金中的杂质含量，以获得良好的加工性能和强度；

（2）添加微量的新元素，提高材料的加工性能和力学性能；

（3）改进热处理制度，在保持较高强度的前提下，以获得好的断裂韧性和抗应力腐蚀性能；

（4）改进熔铸工艺，加强对铝熔体的精炼、过滤和变质处理，降低氢含量、夹渣和夹杂，以提高铝熔体的纯净度以及通过添加晶粒细化剂来获得均匀细小的结晶组织，得到较好的性能。

第二节　铝合金新材料

当今铝合金新材料的发展方向大致分为两个：

一是发展高强、高韧等高性能铝合金新材料，以满足航空航天和一些特殊部门的需求。高强高韧铝合金主要包括2000系列和7000系列IM传统铝合金，以及在此基础上发展起来的PM粉末冶金铝合金、SF喷射成型铝合金、铝基复合材料、超塑性铝合金等。

二是发展一系列可以满足不同条件和用途要求的民用铝合金新材料。高性能民用铝合金主要是指具有各种特殊性能的节能材料和功能材料，满足在现代化交通运输、民用建筑、电子电力、化学工业、能源动力、包装印刷、机电轻工、家电文体等方面的应用需求。

第三节　铝基复合材料

复合材料是应现代科学发展需求而涌现出的具有强大生命力的材料，它由两种或两种以上性质不同的材料通过各种工艺手段复合而成。铝在制作复合材料上有许多特点，如质量轻、密度小、可塑性好，铝基复合技术容易掌握，易于加工等。铝基复合材料比强度和比刚度高，高温性能好，更耐疲劳和更耐磨，阻尼性能好，线膨胀系数低，能组合特定的力学和物理性能，以满足产品的需要。因此，铝基复合材料已成为金属基复合材料中最常用、最重要的材料之一。

铝基复合材料常用的基体合金有：工业纯铝、2014、2009、6061、6013、7075、7475、7090和8009等变形铝合金，以及A356、A357、359和339等铸造铝合金。

铝基复合材料按照增强体的不同，可分为纤维增强铝基复合材料和颗粒增强铝基复合材料、晶须增强铝基复合材料。

纤维增强铝基复合材料具有比强度、比模量高，尺寸稳定性好等一系列优异性能，但价格昂贵，目前主要用于航天领域，作为航天飞机、人造卫星、空间站等的结构材料。

颗粒增强铝基复合材料可用来制造卫星及航天用结构材料、飞机零部件、金属镜光学系统、汽车零部件；此外还可以用来制造微波电路插件、惯性导航系统的精密零件、涡轮增压推进器、电子封装器件等。

晶须增强铝基复合材料具有高的比强度、比模量，良好的热稳定性，抗疲劳、耐磨损等优良性能，并得到迅速发展，成为铝基复合材料的一个重要分支。

第七篇

铝工业节能减排、资源综合利用、循环经济

第一章　铝工业节能减排

第一节　氧化铝生产节能减排

一、氧化铝生产能耗指标

中国铝土矿资源的特点决定了约80%以上的氧化铝产品是用流程复杂、效率低、能耗高的混联法和烧结法生产的。

国内外氧化铝厂的能耗指标见表7-1、表7-2。

表7-1　国内外氧化铝厂能耗指标的差距

名　称	国外氧化铝厂			国内氧化铝厂			
工厂类型	美洲	欧洲	澳洲	拜耳法	联合法	烧结法	平均
总能耗(标煤)/$kg \cdot t^{-1}$	375	397	405	446	980	1200	990

表 7-2　国内外氧化铝厂能耗指标的比较

中国氧化铝厂	能耗(标煤)/kg·t^{-1}	国外氧化铝厂	能耗(标煤)/kg·t^{-1}
烧结法厂	约 1200	希腊圣尼古拉厂	约 499
纯拜耳法厂	约 446	澳大利亚格拉斯通厂	约 328
联合法厂	约 980	德国施塔德厂	约 420
中国平均	约 990	西澳洲四个厂	约 450

影响中国氧化铝生产能耗的因素主要有：总体工艺流程、循环效率和各个工序产出率、设备运转率、先进材料的应用和能量利用率。由于燃料和动力费约占氧化铝生产成本的 40%，因而节能降耗是氧化铝工业的一个关键问题。

二、氧化铝生产自动测控系统

氧化铝生产的在线检测与控制技术主要包括：

（1）铝酸钠溶液在线检测装置；

（2）原料磨自动控制系统；

（3）烧结法生料浆配料自动控制技术；

（4）拜耳法配料控制技术；

（5）高压溶出过程监测和控制系统；

（6）拜耳法沉降过滤工序自动控制；

（7）分解工序计算机实时监测与控制系统；

（8）平板过滤机自动控制系统；

（9）蒸发工序计算机实时监测与控制系统；

（10）熟料烧成自动控制技术。

三、赤泥干法输送、堆存和筑坝技术

赤泥是从铝土矿中提炼氧化铝时排出的工业固体废物，一般含氧化铁量大，外观与赤色泥土相似，也称红泥，但有的因含氧化铁较少而呈棕色或灰白色。一般平均每生产1t氧化铝，附带产生1~2t赤泥。赤泥（含附液）属于强碱性有害废渣，大量赤泥不能有效利用，而采用大面积露天堆存，不仅占用了大量土地，也对环境造成了污染。

中铝广西分公司是以一水硬铝石为原料的纯拜耳法生产氧化铝厂，其赤泥中“苛性钠”含量约0.5%，采用传统的湿法露天堆存易造成碱泄漏而污染环境。为此，中铝国际贵阳分公司与中铝广西分公司通过试验研究，采用压滤机处理赤泥，赤泥通过高压隔膜泵输送至堆场后，呈稠状流入堆场内，在内坡面采用沿线优先放料形成6m高的赤泥子坝，坝顶设保护层，子坝外坡面设覆盖层，子坝坝角设置排水明沟。研究结果表明，对于外坡1∶2的赤泥堆置体，控制坝体附近赤泥含水量在35%~40%，构筑子坝时分层碾压赤泥含水量小于30%，可保证干法赤泥堆场的稳定性。

第二节　电解铝生产节能减排

一、铝电解槽深度节能技术

2005年，中国电解铝厂的平均电价为0.3512元/(kW·h)，2010年为0.476元/(kW·h)，5年的年均增长率为7.11%，

2011 年上涨至 0.55 元/(kW·h)，年增长率达 13.5%。由于电解铝直流电耗约为 13000kW·h/t-Al，电费占原铝成本的比例已超过 40%，铝用电价的逐年高涨，已成为威胁电解铝厂生存的“瓶颈”。因而，实施“铝电联营”、电解铝产业向中西部煤水电能源富集地转移以及开发“深度节能”技术，已成为国内电解铝走出困境的产业布局趋势和关键技术途径。

（一）异型阴极铝电解槽结构

2008 年 3～9 月，东北大学在天泰铝业开展了 3 台 160kA 异型阴极电解槽的工业试验。2008 年 9 月鉴定指标为：槽平均电压 3.75～3.78V，直流电耗 12281kW·h/t-Al。2009 年 1 月中南大学与云铝股份联合开展了 5 台“曲面阴极”铝电解槽的工业试验。2009 年 1 月试验槽的鉴定指标为：槽电压平均降低 230～290mV，直流电耗平均降低 724kW·h/t-Al。

（二）导流结构铝电解槽节能技术

2008 年 11 月由中国铝业郑州研究院、中铝国际贵阳分公司和沈阳分公司联合在沁阳试验场开展的 160kA 新型可湿润 TiB_2/C 复合阴极与导流结构铝电解工业试验槽投产。2009 年 4 月试验槽的鉴定指标为：槽平均电压 3.74V，吨铝节电 1220kW·h，直流电耗降至 11912kW·h/t-Al。

二、干法净化回收氟化物

铝电解工业采用冰晶石-氧化铝熔盐电解法，吨铝所添加的氟化盐如氟化铝、冰晶石等溶剂约 20 ~ 28kg。在生产过程中，加入槽内的氟化物分解后，部分进入槽内衬成为固体污染物，部分随电解烟尘以 HF、CF_4 等含氟气体形式排出，进入干法净化系统。

按电解槽集气效率 98.5%，电解烟气净化效率 99%，焙烧烟气净化效率 97%，冶金级氧化铝单耗 1.91t/t-Al，一级品原料中 Na_2O 含量为 0.5% 计算，预焙阳极铝电解槽的氟平衡如图 7-1 所示。

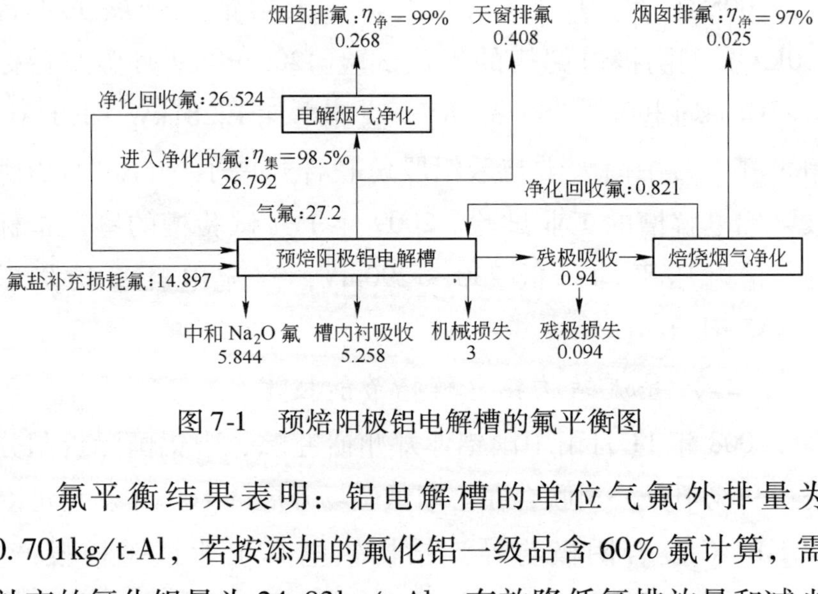

图 7-1　预焙阳极铝电解槽的氟平衡图

氟平衡结果表明：铝电解槽的单位气氟外排量为 0.701kg/t-Al，若按添加的氟化铝一级品含 60% 氟计算，需补充的氟化铝量为 24.83kg/t-Al。有效降低氟排放量和减少氟化盐消耗的方法，是减少原辅材料氧化铝和氟化盐带入的水分及其水解和挥发量，提高铝电解槽的集气效率和净化系统的净化效率。

干法净化技术的原理是利用吸附剂——新鲜氧化铝较大

比表面积的化学活性，对酸性气体特别是电负性很大的 HF 具有较高吸附能力的特性，进行干法净化回收有害物氟的过程。1m^2/g 比表面积的氧化铝对氟化氢的单分子层化学吸附系数约为 0.033%（质量比）。

目前，中国铝电解行业现行环保标准控制指标仍低于国际标准。主要体现在：净化效率不大于 98%，电解烟囱排氟浓度为 6mg/m^3，低于欧洲 Parcom94/1 标准要求的净化效率 99% 和全氟（F）、氟化氢（HF）的 0.6kg/t-Al、0.4kg/t-Al 排放指标，更低于美国的 F、HF 的 1.17mg/m^3、1.52mg/m^3 排氟浓度指标。

因而，尽快开发能与国际铝电解行业环保标准接轨的高效电解烟尘净化技术，并修订相关环保标准是未来电解铝发展的重要内容之一。高效电解净化系统如图 7-2 所示。

图 7-2　高效电解净化系统

三、低阳极效应与温室气体减排

由于环保和能源紧张，西方国家对铝工业的环保要求已从若干年前的氟化物排放控制转向温室气体全氟化碳 PFCs（$CF_4 + C_2F_6$）排放控制。1997 年，国家能源研究所完成的“亚洲减少温室气体最低费用对策”专题项目，初步计算电解铝生产中吨铝 CO_2 排放量为 1.52t。

研究表明：铝电解过程产生的气态污染物主要有 HF、CO_2、SO_2 及阳极效应产生的 CF_4 与 C_2F_6，而吨铝排放 CF_4 与 C_2F_6 合计平均值为 0.65t（其中 C_2F_6 约占 10%），两者的温室气体强度（即全球变暖潜能值，是指质量为 1t 的某种温室气体在 100 年内对全球变暖的影响与同期内等量二氧化碳造成的全球影响的对比值，用 GWP 表示）分别为 6500 和 9200。

英国石油公司（BP）发布的数据显示，2010 年全球二氧化碳排放量增长 5.8%，达到 306 亿吨，其中中国将排放二氧化碳 83.3 亿吨，占全球排放量的四分之一，位居世界第一位。按照当年电解铝产量 1619.5 万吨计算，相当于行业 CF_4 与 C_2F_6 年排放量折合二氧化碳约为 1053 万吨。

根据《铝工业“十二五”发展专项规划》，2010 年中国电解铝生产的阳极效应系数为 0.15，要求 2015 年降至 0.03 及以下。因此加大铝行业节能减排，大幅降低阳极效应系数的任务异常艰巨。

第三节 铝用炭素生产节能减排

一、开槽阳极

开槽阳极始于 1990 年美国 Shekhar 等的惰性开槽阳极水

模试验，试验表明：开沟槽利于降低阳极底部气泡覆盖率和促进极间氧化铝传质。国内300kA预焙槽阳极开槽试验结果表明，开槽阳极炭块电压降比普通阳极低约40mV。开槽阳极示意图见图7-3。

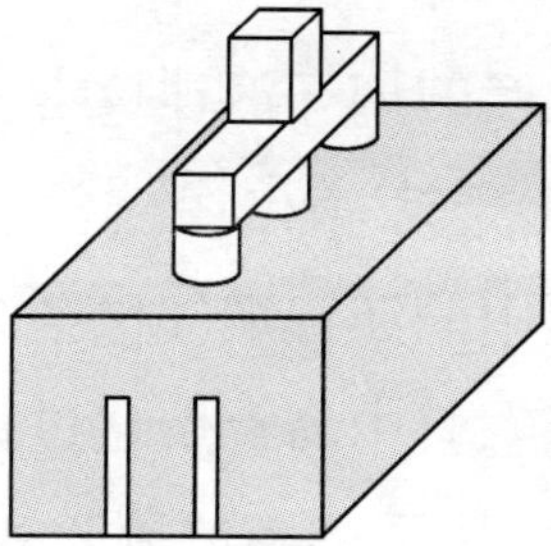

图7-3　开槽阳极示意图

二、石墨质阴极

法铝AP18槽型两年试验统计结果表明，10%～15%石墨质阴极电压降比无烟煤炭块低15～20mV，30%石墨质阴极炭块电压降比无烟煤炭块低45mV。

贵州铝厂230kA槽采用40%石墨质比9%石墨质的阴极电压降低约53～83mV；云铝股份22台槽采用50%石墨质阴极的试验结果表明，炉底电压282～338mV，平均325mV，比普通阴极炭块低50mV。

三、石墨化阴极

万基铝业16台300kA槽采用石墨化阴极比10%石墨质阴极节电80mV，电流强化10%。测算了采用石墨化阴极的槽寿命达到1216天可实现经济盈亏平衡。由于石墨化阴极的线膨胀率小于0.25%，筑炉宜配套低收缩率（小于0.15%）冷捣糊，避免内衬早期破损。

四、炭素生产烟气治理技术

铝用炭素材料生产的烟气治理技术主要包括以下几种。

（一）沥青烟气干法净化

生阳极制造过程中的沥青烟气包括沥青熔化烟气和混捏成型过程中的沥青烟。其中沥青熔化过程中产生的沥青烟水分较高，约2%～5%甚至更高的附着水全部进入沥青烟气中，制糊成型过程中沥青烟中混杂有粉尘、焦油，极易黏附在管道、设备的壁上或除尘滤袋上。目前主要采用静电捕集焦油和炭粉干法吸附沥青烟的干法净化技术。

（二）焙烧烟气净化

阳极焙烧过程产生的烟气中含有氟化氢、二氧化硫、焦油、沥青烟气、炭尘等有害物和污染物。治理的技术包括：氧化铝吸附法、湿法洗涤法、静电捕集法、高温焚烧法等。

随着国家环保要求的加强，国内外正在广泛开展煅烧烟气的脱硝（NO_x）、脱硫（SO_x）净化技术及多环芳烃（PAHs）、苯并芘有毒物的治理技术。

五、煅烧烟气余热利用技术

回转窑或罐式煅烧石油焦生产的余热利用技术，主要利用有机热载体余热锅炉将煅烧的高温烟气余热转化为200～250℃高温加热介质，为炭阳极生产各有关工序的加热提供稳定的能源来源，并稳定和提高炭阳极的质量。一些大型预焙阳极厂还利用余热锅炉发电技术，将煅烧石油焦的余热转化为电能。

第四节 铝加工生产节能减排

一、电解铝液直接铸造

采用电解铝液配料，既可以省去电解铝液铸造重熔用铝锭的能源消耗及生产成本，又可以使铝加工环节节约用铝锭重熔生产铸锭时的部分能源物耗、减少烧损、降低生产成本，具有明显的经济效益和环境效益。电解铝液直接铸造在中国已经开始普遍应用，与重熔铸锭相比，铝液直接铸造可节约熔化热能，同时减少铝金属烧损、渣损和物耗、能耗，初步估算吨铝节约费用在400～700元。

二、等温熔炼技术

“等温熔炼”是指温度保持恒定，也就是熔池内各个位置的温度基本相同。等温熔炼系统的投资成本和生产成本低，无论是制造新的熔炼炉，还是传统熔炼炉的改造，在经济上都具有很强的吸引力。对现有传统熔炼炉进行改造不但可提高产能，还能够节能降耗，减少污染物的排放。

第二章 铝资源综合利用

第一节 铝土矿资源综合利用

一、土地复垦技术

土地复垦是指对在生产建设过程中因挖损、塌陷、压占等造成破坏的土地采取整治措施，使其恢复到可供利用状态的活动。根据中国《土地复垦规定》，要求实行“谁破坏、谁复垦”的原则。

复垦工艺一般包括复垦工程和恢复生态两个阶段，复垦工程又分工程复垦（图 7-4）和生物复垦（图 7-5）两类。按照《土地复垦技术标准（试行）》，应做好复垦土地质量检验评估、复垦工艺优化、废弃露天采矿场复垦工程、沉陷场地复垦工程和生态恢复等工作。

图 7-4 工程复垦

图 7-5 生物复垦

堆积型铝土矿平面面积大，推进速度快，因此复垦是矿山持续发展的关键。应用“岩土剥离—分类采矿—土地复垦

—环境治理”一体化技术，合理安排岩土剥离、废石排放、矿石开采、土地复垦等生产工序，做到采矿和复垦同时设计、同时施工。不但降低了剥离、复垦成本和废土占地，且复垦高效快捷，改善了土地耕作条件，真正做到采矿无痕。

二、低品位矿利用技术

铝土矿资源为不可再生资源，通过增设洗矿及螺旋分级机等工艺配套设施，进一步完善优化选矿流程工艺，降低回收粒度，充分回收细粒矿。低品位矿的综合利用，增加了一部分资源量，提高了铝土矿资源的保障能力。

三、伴生镓综合回收技术

金属镓有许多用途，可作为制作光学玻璃、真空管、半导体的原料，装入石英温度计可测量高温，加入铝中可制得易进行热处理的合金，镓和金的合金应用在装饰和镶牙方面，也常用作有机合成的催化剂。金属镓通常是铝土矿中提取铝或锌矿石中提取锌时的副产物。随着手机 3G 业务的发展以及在 LED 显示屏、LED 照明以及荧光粉等行业用途的不断扩张，砷化镓、氮化镓、三氯化镓和氧化镓行业对镓的消费量也在迅猛增加。

铝土矿中镓含量较高，由于氧化镓在氧化铝生产溶液中具有一定的溶解度，当达到平衡浓度时，铝土矿中的镓就不再向生产溶液中累积而全部进入赤泥，造成高价值的金属镓变成废料送往赤泥堆场堆存。中国铝业公司开发了离子交换树脂提取镓专利技术，并在中国铝业河南分公司得到了实践运用。镓回收工艺流程如图 7-6 所示。

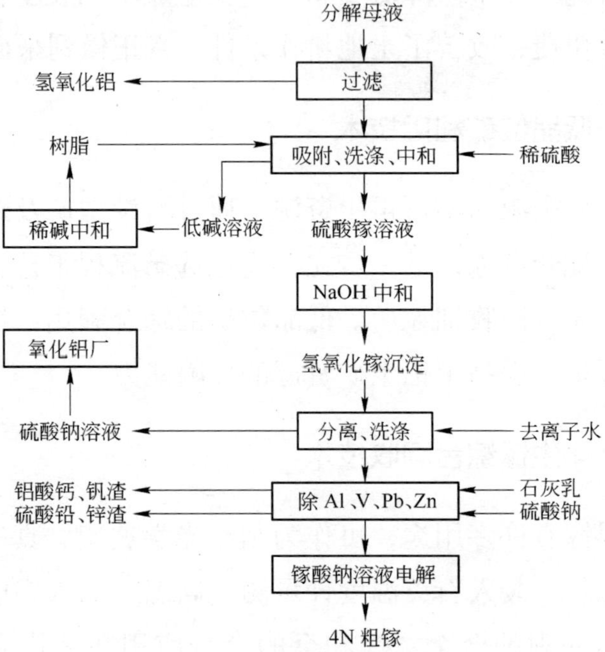

图 7-6　镓回收工艺流程图

四、细粒级矿的回收利用

实际生产表明，粒级在 0 ~ 1.0mm 的细泥部分，其氧化铝品位及铝硅比还有回收价值，因此，需要加强细泥部分矿石的回收试验研究，如采用浮选、选择性絮凝、浮选柱等新设备、新工艺，以提高铝土矿资源的综合利用率。

五、矿泥压滤、滤饼作为复垦土源

将含泥矿石经洗矿后的合格铝土矿作为氧化铝生产的原料，尾矿矿泥经浓密后扬送至排泥库堆存。矿山综合利用现阶段的工作突出表现为对尾矿矿泥开展利用。平果铝土矿尾矿矿泥粒度细、粒径变化大、黏性大，在开展了与之相关的浓密、压滤试验情况下，由于矿泥黏性强，仅小部分尾矿投入压滤工业处理。压滤处理后的尾矿矿泥集中堆存，待水分挥发满足要求后用于采空区复垦。

六、洗矿后矿泥的综合利用

矿泥属一般工业固体废物中的Ⅰ类，其主要成分为黏土。如果能作为建筑材料，也可广泛用于民用建筑。目前矿泥的湿法堆存占用大量的土地资源，每新建一座排泥库，均需大量征用土地，如果矿泥能再利用，不论是提取其中的稀有金属还是矿泥本身的再利用，都是一项节约资源、保护土地的环保工程，符合国家建设资源节约型、环境友好型社会的理念。

（1）提取稀有金属。根据已有的实验资料，矿泥中除含有铝和铁外，普遍含有稀散元素，经光谱半定量分析有15种，其中镓肯定有综合利用价值。

（2）制砖。黏土砖本身是一种很好的建筑材料，其强度高、砂浆黏结性好、尺寸灵活，但是烧制时需要耗费大量黏土资源。所以为保护耕地，减少水土流失，保护环境，目前国家已大范围限制使用黏土制砖。

第二节 氧化铝资源综合利用

一、粉煤灰提取氧化铝生产技术

粉煤灰是煤炭在锅炉中燃烧后从烟道排出的固体废弃物，是燃煤电厂的主要副产品，也是排放量最大的工业废料。

经计算，每燃烧1t煤，就产生250～300kg粉煤灰。由于高铝粉煤灰的氧化铝含量高达40%～51%，已成为缓解中国铝土矿资源紧缺的可利用炼铝再生资源。粉煤灰的基本物理性质如表7-3所示。

表7-3 粉煤灰的基本物理性质

项目	密度 $/g\cdot cm^{-3}$	堆积密度 $/g\cdot cm^{-3}$	比表面积 $/cm^2\cdot g^{-1}$		原灰标准稠度/%	需水量/%	28天抗压强度/%
			氮吸附法	透气法			
范围	1.9～2.9	0.531～1.261	800～19500	1180～6530	27.3～66.7	89～130	37～85
平均值	2.1	0.780	3400	3300	48.0	106	66

近年来，国内多家院校、企业对粉煤灰提取氧化铝生产方法进行了深入研究，并开展了实验室和中小规模的工业试验，成绩斐然。主要采用的典型工艺及生产方法有酸法和碱法两大类，酸法包括硫酸直接浸取法、氟铵助溶法、硫酸铝铵法、盐酸浸取法；碱法包括石灰石烧结自粉化法、碱石灰

烧结法、碳酸钠焙烧法以及酸碱联合法等。

二、赤泥综合利用技术

赤泥是氧化铝生产过程中排出的极细颗粒强碱性固体废弃物，按每生产1t氧化铝大约产赤泥0.8~2.2t计，全世界氧化铝生产每年产生的赤泥量超过7000万吨。中国氧化铝产量约占世界总产量的30%，年产赤泥3000多万吨，累积堆存量达到2亿吨。随着中国氧化铝产量的逐年增长和铝土矿品位的逐渐降低，赤泥的年产生量还将不断增加，预计到2015年，赤泥累计堆存量将达到3.5亿吨。赤泥大量堆存，既占用土地，浪费资源，又易造成环境污染和安全隐患。

赤泥的pH值约在10.29~11.3，氟化物含量在4.89~8.6mg/L，按照《有色金属工业固体废物污染控制标准》（GB 5058—85），赤泥属于一般固体废渣，但赤泥附液pH值大于12.5，氟化物含量小于50mg/L，污染综合排放划分为超标废水，需加以无害化治理。目前世界上大量的赤泥是采用海洋排放与陆地堆存的方法来进行处置的，筑坝堆存是中国目前赤泥的主要处理方式。

（一）有价金属回收

赤泥中含有丰富的铁、钪、钛等有用金属元素可加以提炼。赤泥综合利用工艺流程如图7-7所示。

（二）生产水泥

赤泥中CaO、SiO_2含量较高，可生产硅酸盐水泥及一些专用水泥。

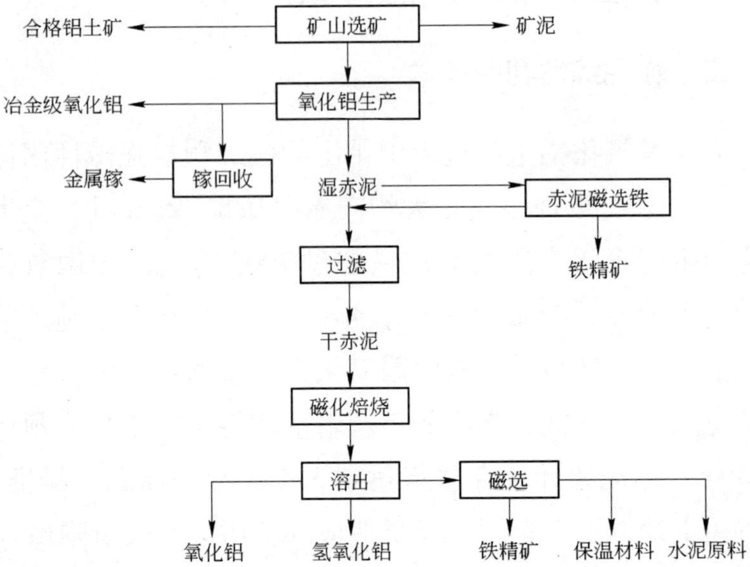

图 7-7　赤泥综合利用工艺流程图

俄罗斯第聂伯铝厂利用拜耳法赤泥生产水泥的生料中赤泥配比可达 14%；日本三井氧化铝公司以赤泥为铁质原料配入水泥生料，水泥熟料可利用赤泥 5% ~20%。俄罗斯沃尔霍夫、阿钦和卡列夫氧化铝厂以霞石为原料，利用产出的赤泥生产水泥，进行石灰石、赤泥两组分配料试验，每吨水泥可利用赤泥 629 ~795kg。

中国利用烧结法赤泥生产普通硅酸盐水泥的赤泥配比为 20% ~38%，赤泥利用量在 200 ~420kg/t。由于赤泥含碱量高，其配比受水泥含碱指标制约。山东铝厂以烧结法、联合法所得赤泥为原料生产水泥，使赤泥配比提高到 45%，水泥质量从 425 号提高到以 525 号水泥产品为主。

（三）生产砖

利用赤泥生产免蒸免烧砖、粉煤灰砖、黑色颗粒料装饰砖和陶瓷釉面砖等。

（四）筑坝及路基

赤泥滤饼入回转窑烘干烧结，可制得化学稳定性好、密度大（2.67 ~ 3.12g/cm^3）、强度高（大于 100MPa）的骨料，加之其黏结作用，经压实后具有很高的承载强度和耐久性，可用于筑坝、路基及工程回填。

第三节　电解铝资源综合利用

铝电解厂生产排放的废弃物主要包括：氟化物和铝电解槽大修废槽衬。以下主要阐述废槽衬固体渣无害化治理技术。

铝电解槽在使用一段时间后（4 年以上）需进行内衬大修，刨出的槽衬材料即为电解槽大修固废渣，一般每吨铝产生量约为 0.04t。废槽衬除含有约 30% 的炭质材料、30% 的耐火材料、40% 的氟化物外，还含有约 0.2% 的少量剧毒物质氰化物。铝电解槽废槽衬的物相分析见表 7-4。

表 7-4　铝电解槽废槽衬的物相分析　　（%）

成分	碳	氧化铝	冰晶石	氟化钙	石英	碳酸钠	氟化钠	其他
范围	30	26	13	3	3	6	8	11

在国内，将废槽衬回收部分炭素和耐火粉料后，送至专用固体废渣场进行填埋处理。国外由于环保严格，已开发了

多种废槽衬固体渣无害化治理技术，包括固体填埋、制备耐火材料、回收氟化盐和可燃气体、热水解无害化法、焚烧处理法等方法。

目前国内外回收利用铝电解槽废槽衬的主要方法有：

（1）废阴极炭块加工成槽筑炉用的异形侧块。

（2）废阴极炭块破碎至10mm以下，作为燃料炭（无烟煤，耗量约12kg/t），配入石灰石（CaO，耗量约3.5kg/t）替代冶金焦用于钢铁行业的溶铁冲天炉中。

（3）回收的氟化盐与石灰石混合作为添加剂，用于钢铁行业可替代萤石（CaF_2）作为溶剂；美国凯撒公司用高温水解法处理废旧内衬材料，在温度1200℃下，燃烧并通入水蒸气，使之与氟盐反应生成HF。此时，内衬材料中所含的氰化物亦分解。HF用水吸收得到25%的水溶液，可用于制造工业用氟化盐。

（4）回收的耐火材料富含氧化铝，破碎后与适当的混凝土混合可用于维修炼钢电炉的炉衬。

（5）废阴极炭块磨碎后，优选的部分可替代氧化铝烧成室的部分烧成煤（无烟煤）、水泥生产回转窑的部分补充燃料（通常使用煤粉）使用。但对于生产碱性水泥的水泥厂，废槽衬中钠含量较高时，将影响水泥质量。

（6）浮选法处理废旧阴极炭材料。包括处理炉底炭块（分离掉钢质阴极导电棒）、间缝糊和捣固糊，回收炭材料。首先将从电解槽中刨出的废旧阴极材料，经过破碎、中碎、细碎制成粒度为100～150目（0.147～0.104mm）的粉料，太细不利于浮选分离，太粗电解质与炭分离不好。然后调浆送入浮选机，浮选后得到溢流泡沫（产品炭）和底流（产品固体电解质）。此种炭可重新用于制造新的阴极炭块，或用做炭糊原料。而固体电解质的主要成分是冰晶石和氧化铝，可返回电解槽用于启动。废旧阴极材料浮选法回收利用流程如图 7-8 所示。

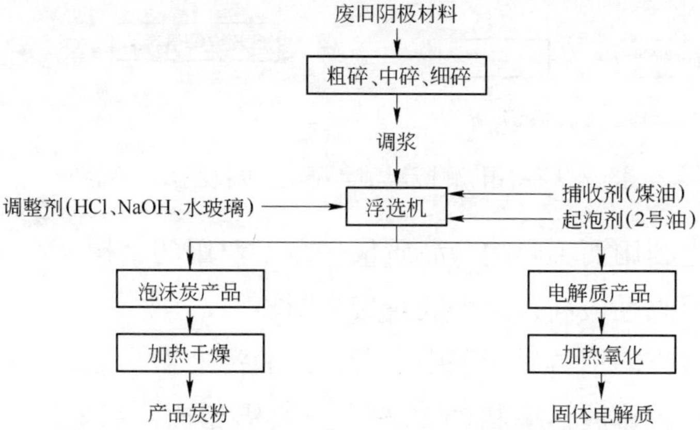

图 7-8　废旧阴极材料浮选法回收利用流程简图

（7）炭渣回收。在铝电解槽启动和生产过程中，有些炭渣（焦粉焙烧或阳极掉渣）会漂浮在电解质表面，需定期或不定期捞出。一般炭渣中含 60% 电解质和 40% 炭，每吨铝约产出 15kg 炭渣。可采用浮选技术进行回收利用，炭渣的适宜浮选粒度为 0.45～0.076mm，炭回收率约 80%。铝电解槽炭渣浮选回收利用流程见图 7-9。

第四节　再 生 铝

铝的抗腐蚀性能强，铝产品在使用期间腐蚀很少，可反

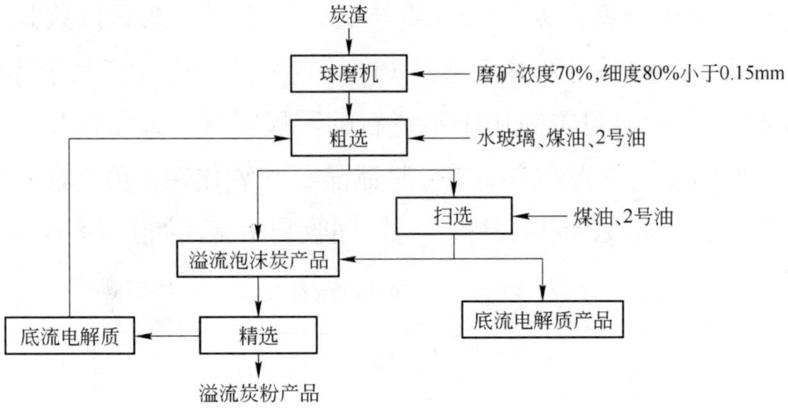

图 7-9 铝电解槽炭渣浮选法回收利用流程图

复再生利用而不影响产品质量。在工业用的结构金属中，铝的可回收性最高，再生效益最为明显。

在废旧铝再生过程中，所排放的污染物一般仅为原铝生产全过程排放污染物的 10% 。与原铝相比，每生产 1t 再生铝可以节约 95% 的电能，节水 10.05t，少用固体材料 11t，少排放二氧化碳 0.8t 和二氧化硫 0.06t。因此，再生铝已成为有色金属行业综合利用资源、保护环境、发展循环经济的重要途径。它既是一项效益巨大的节能工程，又是一项当代受益荫及子孙的“绿色产业”。

一、再生铝生产工艺流程

再生铝生产的一般工艺流程如图 7-10 所示。

铝及铝合金废料的最大来源是汽车交通、废铝饮料罐、废建筑铝材和电气铝材（铝及铝合金电线、导电排等）。铝及铝合金废料大部分再生产成铸造铝合金和压铸铝合金，只

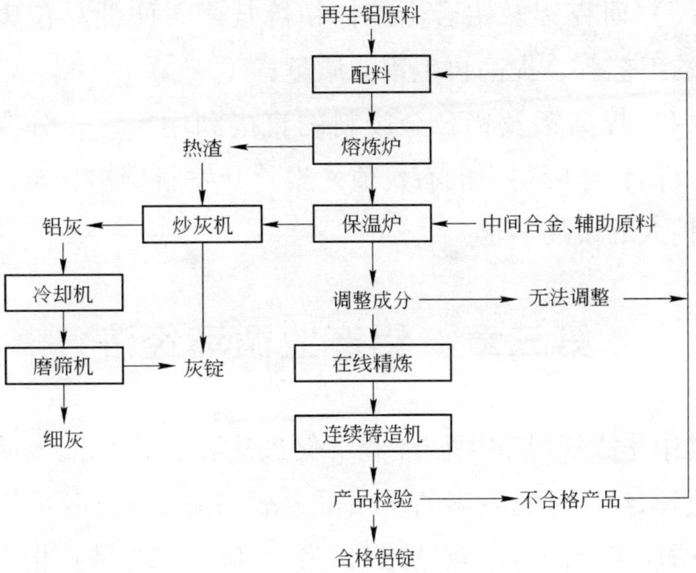

图 7-10　再生铝生产的一般工艺流程图

有一小部分再生产成变形铝合金（易拉罐扁铸锭、挤压圆铸锭和其他扁铸锭）和炼钢用脱氧剂。

二、再生铝技术进步

随着技术的不断进步，再生铝工业正朝着规模化、机械化、自动化、技术化和减少对环境污染的方向发展。再生铝及铝合金生产工艺技术发展趋势如下：

（1）完善铝及铝合金废料回收、管理、分拣体系，积极开发废料预处理工艺；

（2）研究适于处理铝及铝合金废料的高效、节能、快速熔化炉，进一步节能降耗，提高熔化炉热效率，减少金属烧损，提高金属回收率；

（3）研究铝及铝合金熔体精炼技术，使低品位废杂铝升级的工艺等，提高再生铝的质量；

（4）提高铝及铝合金废料的直接利用率，充分合理利用铝及铝合金废料中的有价值元素，开发新型铝合金，适应不断扩大的市场需求。

第三章　铝产业循环经济

《中华人民共和国循环经济促进法》指出，发展循环经济是国家经济社会发展的一项重大战略。《国务院关于加快发展循环经济的若干意见》（国发〔2005〕22号）指出：实现全面建设小康社会的战略目标，必须大力发展循环经济，按照“减量化、再利用、资源化”原则，采取各种有效措施，以尽可能少的资源消耗和尽可能小的环境代价，取得最大的经济产出和最少的废物排放，实现经济、环境和社会效益相统一，建设资源节约型和环境友好型社会。

（1）铝产业链。铝既具有“高载能”产品的特征，又有“万能金属”的特点。这就决定了铝工业将会涉及众多的矿产资源产业、能源产业、原材料产业、铝制品消费业和“三废”治理及其综合利用等相关产业。

铝产业链的基本构成为：铝土矿—煤（水）电—化工原材料（石油焦、沥青、氟化盐）—氧化铝—电解铝—铝用炭素—铝加工—再生铝—“三废”综合利用。由此组成了一个“资源→产品→再生资源”的物质封闭循环流动生产过程。

（2）铝产业循环经济指标体系。根据国家发改委《关于印发循环经济评价指标体系的通知》（发改环资〔2007〕1815号），铝行业的循环经济指标体系由资源产出指标、资源消耗指标、资源综合利用指标、废物处置量指标四大部分构成。

1）资源产出指标：主要是指消耗一次资源（包括煤、石油、铁矿石、十种有色金属矿、稀土矿、磷矿、硫矿、石灰石、沙石等）所产出的国内生产总值（按不变价计算）。该项指标越高，表明自然资源利用效益越好。

2）资源消耗指标：主要描述单位产品或创造单位GDP所消耗的资源，该类指标反映了节约降耗，推进“减量化”，从源头上减少资源消耗的情况。

3）资源综合利用指标：主要反映工业固体废物、工业废水、城市生活垃圾等废物的资源化程度以及反映传统的五大类废旧物资的回收利用状况，体现了废物转化为资源、节约使用资源、循环利用资源的要求，即“资源化”的成效。

4）废物排放（处置）指标：主要用于描述工业固体废物、工业废水、二氧化硫和COD的最终排放（处置）量，该类指标反映了通过减量化、再利用和资源化，从源头上减少资源消耗和废物产生，降低废物最终排放（处置）量、减轻环境污染的成果。

（3）铝行业循环经济体系。铝行业循环经济体系大致可分为“内循环”和“外循环”两个体系。涉及铝土矿、煤电、氧化铝、铝用炭素、电解铝、铝加工产业链的铝行业循环经济体系构建图如图7-11所示。

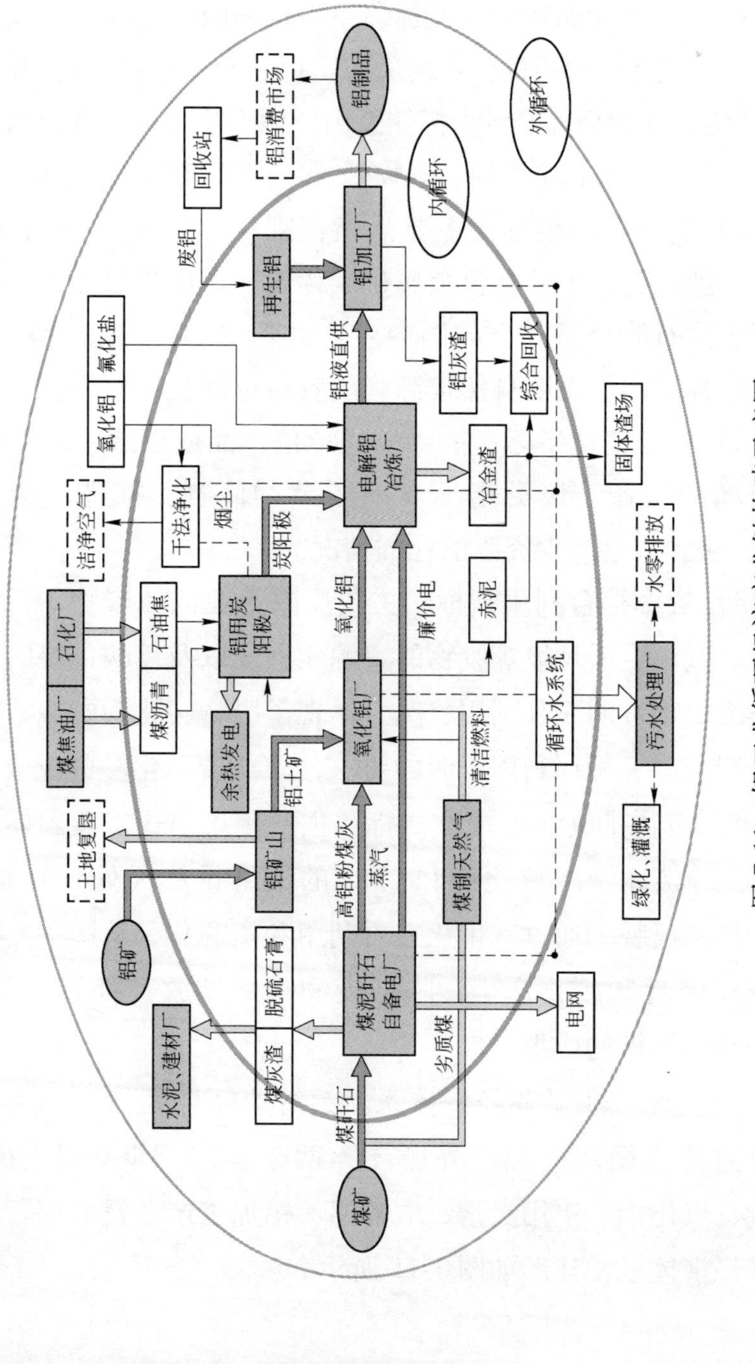

图 7-11 铝工业循环经济产业链构建示意图

第八篇

铝市场简介

第一章　铝土矿的产能、产量及消费

第一节　世界铝土矿开采

随着铝的应用领域的扩展，世界铝土矿总开采量也得以迅速增加。2000 年为 1.35 亿吨，比 1990 年增长 23%，2005 年为 1.69 亿吨，2010 年已增至 2.11 亿吨。

世界上铝土矿的主要开采国家有澳大利亚、巴西、几内亚、牙买加、中国和印度等。这些国家的开采量约占全球总开采量的 82% 以上。其中，澳大利亚是当今世界铝土矿生产量最大的国家，其铝土矿产量约占世界铝土矿总产量的 35%。

由于国外铝土矿资源丰富，且大多埋藏深度较浅，因此目前国外铝土矿几乎全部为露天开采，工艺相对比较简单，具有矿山大型化、采矿设备大型化、劳动生产率高的特点。

第二节　中国铝土矿开采

中国铝土矿生产除广西外，均以地下开采为主。

中国的铝土矿资源大型矿床偏少，七成以上的矿产不适于露天开采且浪费严重，大多数地区铝土矿矿床中优质矿石分布的连续性差，矿石质量不佳。目前只有广西平果、华银、信发采用大规模机械化露天方式开采铝土矿石，其他省区的大中型露采矿区多是在原有产能基础上采取收购民采矿石的方式生产。近期建设的矿山除贵州遵义仙人岩、后槽外，重庆南川大佛岩、灰河、穿洞湾，河南焦村、郭沟、孙坡-管茅、段村-雷沟，贵州猫场，山西兴县等矿山均为地下矿。

近年来受到中国氧化铝工业高速发展的影响，中国铝土矿开采量也逐年递增。2010 年国内的铝土矿产量达到 3145 万吨，较 2001 年的 980 万吨，增加 2120 万吨，年均增长 24%。中国铝土矿开采量很大，采储比在全球基本属于最高水平。2008 年以来铝土矿产量趋于平稳，增长速度明显放缓。

中国铝土矿主要产自广西、山西、河南、贵州，四省区产量占全国总产量的 90% 以上。著名的矿山有：小关、洛阳、小山坝、长冲河、林歹、燕垅、孝义、太湖石、白家庄、平果等。

第三节 中国铝土矿供需市场

随着中国氧化铝工业迅猛发展，国内铝土矿产量无法满足原料需求。2010 年，中国铝土矿消费量 6137 万吨，比

2009年增加1037万吨。其中国内自产铝土矿3101万吨，基本与2009年持平。近年来，中国铝土矿进口量呈现连续快速增加之势。2010年进口量为3036万吨，是2005年进口量的14.1倍，平均年增长率为53.4%。除2009年受国际金融危机冲击，进口量环比下降外，"十一五"内其他年份进口量均为环比增加，增幅最低的是2008年的10.7%，2006年、2007年两年铝土矿进口规模持续高速增长，同比增幅分别为348.0%和140.3%，创历史最高增速。2010年铝土矿进口量明显恢复，同比增长53.1%；2011年进口量达到4484.49万吨，同比增长49.73%。按照2.5t铝土矿生产1t氧化铝，2t氧化铝生产1t电解铝计算，中国铝资源的进口依赖程度已接近50%，这严重影响了中国铝基础原材料的安全供应。

中国近年来的铝土矿消费需求与供需平衡情况见表8-1。

表8-1 近年来中国铝土矿的供需情况 （万吨）

年 份	氧化铝产量	铝土矿需求量	铝土矿进口量	海外依存度/%
2002年	548	1200	40	3
2003年	615	1300	62	5
2004年	704	1500	88	6
2005年	851	1800	217	12
2006年	1384	2900	986	34
2007年	2076	4400	2321	53
2008年	2537	5400	2579	48
2009年	2385	5100	1969	39
2010年	2895	6137	3036	50

中国铝土矿进口来源国异常集中，主要是印度尼西亚和澳大利亚，只有少量来自印度。2010 年中国自印度尼西亚进口铝土矿 2292.7 万吨，占进口总量的 76.2%；自澳大利亚进口 658.7 万吨，占进口总量的 21.9%；另外自印度进口量占比约 1.7%。

第四节　中国铝资源发展趋势

随着河南、贵州、山西等省区铝土矿开采年限的增长，中国的高铝富矿资源形势严峻。中国铝土矿资源利用的发展趋势将向以下几个方面发展：

（1）加强选矿工艺研究攻关，推广选矿拜耳法的应用，提高中低品位矿石的铝硅比，以满足氧化铝工业的要求；

（2）充分利用周边国家如越南的三水铝土矿来弥补中国铝土矿资源的不足；

（3）加强煤系地层覆盖下的潜在高质量铝土矿的开发利用，加大勘查力度以开辟新的资源获取途径；

（4）露天采矿的技术要向先进高效的采矿设备方向发展，地下开采的技术工艺需要逐步成熟并争取占主导地位；

（5）加强替代技术的运用，开展粉煤灰等其他矿产提取氧化铝技术的研究，争取实现产业化，以缓解中国铝土矿资源紧缺的局面。

第二章　氧化铝的产能、产量及消费

第一节　世界氧化铝市场

目前全球约有68家氧化铝生产厂家，分布在近30个国家。2010年全球的氧化铝总产量约8471万吨，世界氧化铝厂的平均生产能力约120万吨。近20年来澳大利亚氧化铝厂产量以4%的年均增速稳定增长，氧化铝产量接近世界总产量的30%左右。除澳大利亚之外，全球主要的氧化铝生产国家为中国、美国、巴西、牙买加、俄罗斯和印度，这6个国家的氧化铝产量占全球氧化铝产量的70%以上。

在全球原铝产能复苏，对氧化铝需求持续上升的情况下，2010年全球冶金级氧化铝产量为8057.2万吨，中国以外地区产量为5161.7万吨，全球冶金级氧化铝表观消费量约为8142万吨，同比增长8.2%，供需平衡之后缺口84.8万吨。

2010年全球冶金级氧化铝产量分布如表8-2所示。

表8-2　全球冶金级氧化铝产量统计　（万吨）

年份	非洲	北美洲	拉丁美洲	亚洲	西欧	东欧/中欧	大洋洲	合计
2010年	59.6	444.6	1360.9	3407.0	400.5	419.9	1964.7	8057.2
比例/%	0.74	5.52	16.89	42.28	4.97	5.21	24.38	100

注：数据来源于国际铝协（IAI）。

第二节 中国氧化铝市场

中国2010年的氧化铝产量为2895.5万吨，占全球总产量的34%。2010年中国氧化铝产量同比增长21.7%，创出历史新高，其中冶金级氧化铝产量2807.1万吨。中国氧化铝生产主要分布在河南、山东、广西、山西、贵州和重庆等地区，分别占全国总产量的33.0%、30.9%、18.3%、12.6%、4.7%和0.6%。全国氧化铝产量分地区统计表见表8-3。

表8-3 全国氧化铝产量分地区统计表 (t)

排序	地区	2009年	2010年	同期比/%
1	河南	8500688	9553189	12.38
2	山东	6556822	8973539	36.86
3	广西	4552867	5288387	16.16
4	山西	2598037	3624448	39.51
5	贵州	1367706	1346461	-1.55
6	重庆	216288	169025	-21.85
全国总计		23792409	28955050	21.70

由于国内氧化铝产量历史高位运行，加之国际价格高于国内，进口优势全无，氧化铝进口量明显下降。据海关数据显示，2010年中国累计进口氧化铝431.2万吨，同比下降16.12%。

推动2010年中国氧化铝产量再创新高的是背后不断扩大的产能。据北京安泰科信息开发有限公司统计，2010年中国氧化铝产能达到4035万吨，其中新扩建产能达到574万吨/年。表8-4列出了2010年中国新增氧化铝产能的分布。

表 8-4 2010 年中国新增氧化铝产能分布

地 区	氧化铝厂	产能/万吨·年$^{-1}$	备注
贵州	中国铝业遵义氧化铝有限公司	80	新建
重庆	中铝重庆分公司	80	新建
重庆	南川先锋氧化铝有限公司	30	扩建
广西	广西华银铝业有限公司	40	扩建
广西	广西信发铝电有限公司	80	新建
山东	龙口东海氧化铝有限公司	40	新建
山西	山西鲁能晋北铝业有限公司	160	新建
河南	三门峡义翔铝业有限公司	40	新建
内蒙古	内蒙古大唐国际再生铝资源开发有限公司	24	新建
总计		574	

注：资料来源于北京安泰科信息开发有限公司。

近年来，中国电解铝产能不断扩大，致使氧化铝市场需求激增，从而引起氧化铝产能的过快增长。2006 年，中国氧化铝产能不到 2000 万吨，2007 年达到 2653 万吨，2008 年突破 3000 万吨。受金融危机影响，2009 年氧化铝产能增速同比下滑 25. 3 个百分点，至 3479 万吨。2010 年，随着国内电解铝产能的重启，氧化铝企业纷纷扩大产能，产能达 4035 万吨。

2010 年中国氧化铝消费量约为 3533 万吨，其中冶金级氧化铝消费量为 3397 万吨，中国氧化铝市场总体上仍然供不应求，市场供需平衡后缺口约为 63. 7 万吨。氧化铝大部分用于电解铝生产的原料，用作其他用途的不到 10%，非冶金级氧化铝消费量为 136 万吨。中国铝冶炼厂多以长单采购为主，长协价格的确立以上海期货交易所三月期铝价格的16% ~17%为依据。这易造成氧化铝的价格与其供需基本面和成本脱离，而与铝价挂钩。总体来看，由于进口铝土矿和其他原材料价格增长，氧化铝扩张速度有所放缓。

2010年中国氢氧化铝总产量为2086.6万吨，同比增长12.83%。

第三章　化学品氧化铝的产能、产量及消费

第一节　世界化学品氧化铝市场

目前，全球约有39个国家生产化学品氧化铝，而产量较多的是亚洲、西欧和北美洲。2010年全球化学品氧化铝总产量为562.2万吨，占氧化铝总产量的6.98%。

2010年全球化学品氧化铝产量分布如表8-5所示。

表8-5　全球化学品氧化铝产量统计　　（万吨）

年份	非洲	北美洲	拉丁美洲	亚洲	西欧	东欧/中欧	大洋洲	合计
2010年	0	89.8	20.0	200.9	163.2	40.6	47.7	562.2
比例/%	—	15.97	3.56	35.73	29.03	7.22	8.48	100

注：数据来源于国际铝协（IAI）。

第二节　中国化学品氧化铝市场

中国自2000年以来，化学品氧化铝行业发展迅速。近

年来，随着中国现代工业的飞速发展，化学品氧化铝行业得到了长足发展。

2010 年中国化学品氧化铝产量为 88.4 万吨，同比降低了 1.45%，占当年全球化学品氧化铝总产量的 15.72%，占 2010 年中国氧化铝总产量的 3.05%。2009 ~ 2010 年中国化学品氧化铝产量统计表见表 8-6。

表 8-6　2009 ~ 2010 年中国化学品氧化铝产量统计表（千吨）

项目＼时期	2009 年第四季度	2009 年总计	2010 年第一季度	2010 年第二季度	2010 年第三季度	2010 年第四季度	2010 年总计
化学品氧化铝	257	897	243	270	232	139	884
冶金级氧化铝	6783	22895	7134	7067	6948	6922	28071
总　计	7040	23792	7377	7337	7180	7061	28955

第四章　电解铝的产能、产量及消费

第一节　世界原铝市场

根据国际铝协统计，2010 年除中国之外的世界电解铝产量为 2429.5 万吨，同比增长 3.8%。如果将中国产量包括在内，2010 年全球电解铝产量为 4042.1 万吨，同比增长 6.6%。2010 年全球电解铝产量统计见表 8-7。

表 8-7　2010 年全球电解铝产量统计　（万吨）

年份	非洲	北美洲	南美洲	亚洲	西欧	东欧	中欧	大洋洲	合计
2010 年	174.1	468.9	230.5	1863.0	380.1	425.3	272.5	227.7	4042.1
比例/%	4.3	11.6	5.7	46.1	9.4	10.5	6.7	5.6	100

注：数据来源于国际铝协（IAI）。

随着全球能源成本的进一步上升，全球电解铝产能向能源丰富地区转移的趋势越发明显。欧美地区电价上涨以及碳成本的可能计入，电解铝产能将持续向中东、俄罗斯、印度等能源成本较低的地区转移。

2010 年全球原铝消费 3969 万吨。其中，中国 1580 万吨，占总消费量的 40%。

2010 年全球电解铝产量和原铝消费量分布如图 8-1 所示。

第二节　中国原铝产量分布

中国从 2001 年开始超过美国成为全球电解铝生产第一大国，并连续稳居榜首。2010 年中国电解铝产量为 1619.5 万吨，占全球总产量的 40%。历年来，河南省和山东省由于临近氧化铝产区，一直是国内电解铝的产量大省。

2010 年中国各省市地区电解铝产量如表 8-8 所示。

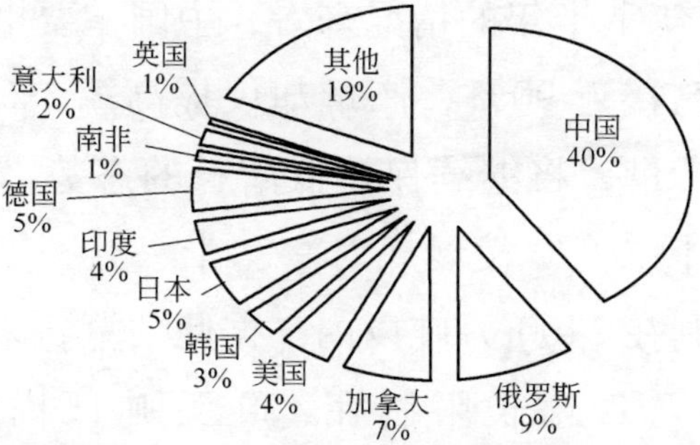

a

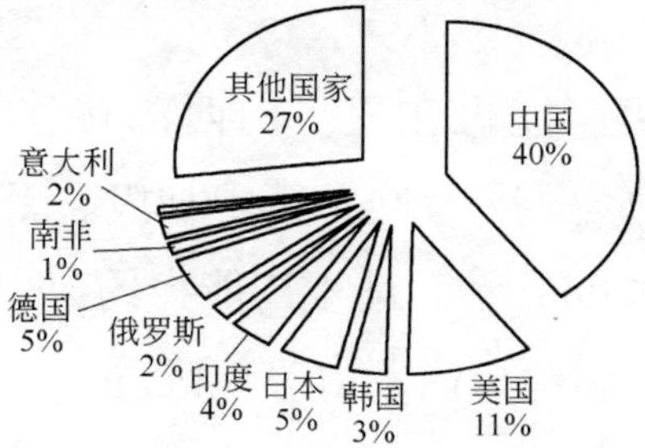

b

图 8-1　2010 年全球电解铝产量和原铝消费分布图

a—电解铝产量分布图；b—原铝消费分布图

表 8-8　2010 年全国各省市地区电解铝产量分布

排名	地区	铝产量/kt	年增率/%	排名	地区	铝产量/kt	年增率/%
1	河　南	3662732	16.29	12	湖　北	396656	40.77
2	山　东	1721258	13.19	13	湖　南	294047	76.49
3	内蒙古	1597516	23.18	14	陕　西	270247	-3.16
4	青　海	1607002	80.34	15	辽　宁	205755	169.48
5	宁　夏	860386	31.25	16	浙　江	150403	49.65
6	甘　肃	1045896	10.23	17	重　庆	130733	26.31
7	山　西	908566	19.80	18	新　疆	65954	21.35
8	贵　州	887875	10.61	19	江　苏	108668	1.56
9	云　南	828410	30.12	20	福　建	106489	42.30
10	四　川	655824	63.24	21	黑龙江	2619	-47.20
11	广　西	687448	28.54	全国合计		16194484	26.07

从2011年上半年的情况来看，中国主要电解铝厂商的产能利用率已接近90%，产量却仅提高3.3%。预计未来中国的原铝产量，将继续保持低增长的态势。根据《有色金属工业“十二五”发展规划》，“十一五”期间国内电解铝产量将控制在2400万吨以内。据此估算，未来五年，中国原铝年均产量增长限制在120万吨以内，年增长率为8.8%。

国内电解铝产能也在逐步向西部转移。2010年，国内电解铝在建能力为444万吨，其中甘肃、新疆、青海、内蒙古、宁夏地区占68%；新增生产能力约150万吨，主要分布在宁夏、甘肃、新疆、内蒙古等地区。

第三节 中国原铝消费市场

2010年中国原铝消费量为1580万吨，占全球总消费量的40%。铝是重要的工业金属，广泛应用于建筑、交通运输、电子、耐用消费品等各个行业。2010年铝消费量在金属中仅次于钢铁，位居第二。原铝经过加工制成铝加工材，应用于下游各行各业，因此原铝的消费需求主要体现在铝材的产量上。从铝材的下游需求来看，建筑领域是最大的消费领域，占39%，其次是交通运输、耐用消费品、电力电子等工业领域。图8-2为原铝消费领域分布图。

2002年以来，除了2009年受金融危机影响外，中国铝

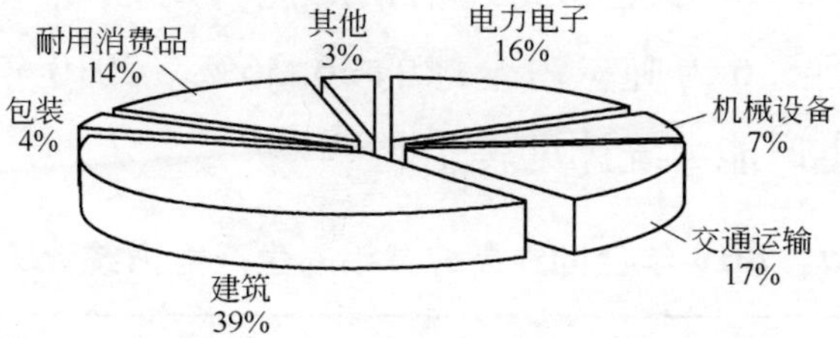

图 8-2 原铝消费领域分布图

材的产量一直保持快速增长，中国已成为全球铝加工行业的主要生产基地，预计未来中国铝材生产对原铝的消费需求仍将保持快速增长。

2007 年以前，除中国以外全球原铝一直保持 100 万吨以下的缺口量，中国原铝则保持 100 万吨以下的过剩量。2008 年后，受金融危机影响，中国以外全球原铝呈供给过剩态势；中国则由于政策刺激和产能增加不足等，原铝供给反而转向短缺。2010 年以来，发达国家经济缓慢复苏，除中国以外全球原铝需求上升，供给过剩有所缓解；中国则由于产能大幅增加，原铝供给重新转为过剩。

第五章 高纯精铝的产能、产量及消费

第一节 世界高纯精铝市场

目前国际上生产高纯精铝的生产线主要集中在中国、日本、美国、俄罗斯、法国、挪威、德国等少数发展中国家及发达国家。2010 年全球高纯精铝产能为 15.4 万吨，其中中国产能达到 5.6 万吨，占全球的 36.36%。2010 年全世界高纯精铝的生产能力统计见表 8-9。

表 8-9 2010 年全世界高纯精铝的生产能力统计 （万吨）

国 家	中 国	日 本	美 国	俄罗斯	法 国	挪 威	德 国
三层液法	5	0.65	2	1.5	0.45	0.8	10.6
偏析法	0.6	3.5	—	—	0.7	—	4.8
合 计	5.6	4.15	2	1.5	1.15	0.8	15.4

第二节 中国高纯精铝市场

随着中国电子和信息工业（如彩电、空调、军工业）以及新兴电子整机行业（如计算机、手机等）的高速发展，电子工业已被列入支柱产业之一，这促进了对精铝原料和电解电容器需求的迅速增加。而高纯精铝的最大用途是加工成电子铝箔直接用于生产电子工业的电解电容器，其用量约占总产量的 75% 以上。

2010 年中国已建和在建的精铝总产能约为 8 万吨，跃居世界首位。2010 年国内已建和在建的精铝产能分布见表 8-10。

表 8-10 2010 年国内已建和在建的精铝产能分布 （千吨）

企业	新疆众和	关铝股份	包铝集团	宜都东阳光	内蒙古霍煤鸿	新长江矿业	合 计
产能	35	10	10	5	10	10	80

由于近年来中国严重短缺高档特薄铝箔及亲水铝箔，2010 年，中国在建的电子铝箔产能约 11.3 万吨/年，在建的电极箔生产线达到 104 条，成为历史上投资建设规模最大的一年。

第六章 铝用炭素的产能、产量及消费

第一节 铝用炭阳极市场

预焙阳极炭块是生产电解铝必需的材料。进入 21 世纪后中国电解铝工业获得了长足的发展，国内预焙阳极产业进入迅速发展时期。

据统计，每生产 1t 铝约消耗 500kg 的预焙阳极块，其生产与消费和铝工业的发展息息相关，是电解铝工业的重要组成部分。由于预焙阳极产品的专业性、特殊性和重要性，其成本占电解铝成本约 13%，一般都配套建设。企业如外购阳极，由于用量大，价格高，加上长距离运输和返回的残极不能有效地回收，电解铝的成本大幅增加，企业难以承受，所以具有一定规模的预焙槽电解铝厂，建设自己的预焙阳极生产厂较为经济。据统计，国内目前没有配套阳极生产线的电解铝企业仅占市场份额的15% ~20%。

2010年世界阳极生产和消耗量在2060万吨左右。

2010年中国铝用炭阳极厂家约110家，预焙阳极总产量约852.6万吨，年出口阳极炭块约100万吨，其中40多家铝电解厂自建有约300万吨预焙阳极产能。国内阳极产业集中度高，多数为民营企业，集中在山东、河南、山西、广西、青海、内蒙古、重庆等省市地区。2010年我国阳极产能分布情况如图8-3所示。

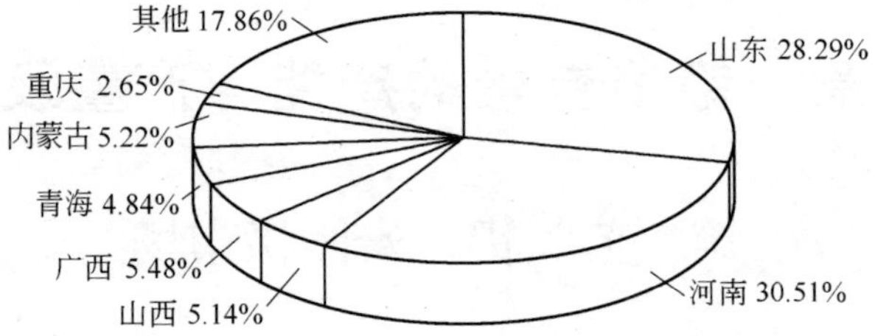

图8-3 2010年我国阳极产能分布情况

第二节 铝用炭阴极市场

阴极炭块是铝电解槽结构的主体部分，它直接与铝水、电解质接触，并具有导电作用，是影响电解槽使用寿命的关键部位。由于电解槽容量的大型化，铝电解过程中电场、磁场、热场更加复杂化，电化学和机械力对阴极材料侵蚀、冲刷加大，电解槽的早期破损日益凸显，铝电解槽的节能和寿命问题成为国内外铝业界关注的课题。

目前，国际上普遍采用高导电率、高石墨化度、低膨胀率的全石墨化质阴极炭块和石墨化的阴极炭块，可使铝电解槽有较低的阴极压降，可降低铝电解槽的单位电耗，从而降低成本。因此，开发并推广应用优质阴极炭块（高石墨质、全石墨质阴极炭块）和石墨化阴极炭块，进一步延长电解槽寿命，提高产量，降低电耗，是目前预焙阳极电解槽的发展趋势。

据统计，目前中国铝用阴极炭素生产企业约 34 家，分布在山西、云南、贵州、四川等地。2010 年中国各种阴极制品产量约 38 万吨，出口阴极制品约 12 万吨左右。

第七章 铝加工材的产能、产量及消费

第一节 世界铝加工材市场

全球铝材主要生产国为中国、美国、日本、德国、意大利、法国等。2010 年，全球铝材产量为 6665 万吨。2009 年全球铝加工材消费总量为 4690 万吨，其中压延产品 1570 万吨，为铝加工市场领域最大的单一市场，占铝加工材总消费量的 33%；其次为挤压材占 28%，铸件为 23%，线材为 11%，铝粉和锻件分别占 4% 和 1%。

到 2010 年，全球铝压延产品市场份额有所增加，并高于预期，亚太地区上升较快，由 2009 年的 600 万吨左右增加到 2010 年近 780 万吨左右，而包括北美、西欧、东欧、拉丁美洲和中东地区在内的市场变化不大。目前，全世界共有铝板、带、箔生产企业约 700 家，总的生产能力 2800 万吨。其中，铝板带厂 456 家，生产能力约 2000 万吨；铝箔厂约 258 家，产能 500 万吨。世界铝板带箔工厂的平均产能为 3.5 万吨。

第二节　中国铝加工材的产能、产量分布

经过不断发展，中国铝加工生产技术和装备水平已达到或接近世界先进水平。

2010 年，中国铝加工材生产能力达到 2300 万吨，产量 2026.1 万吨，同比增长 26.1%，占全球总量的 30.4%。其中铝板带生产能力约 700 万吨，产量 550 万吨；铝箔生产能力 210 万吨，产量约 180 万吨；铝材挤压生产能力 1400 万吨，产量约 1200 万吨；铝线材生产能力 50 万吨，产量 35 万吨。2001 ~2010 年十年间铝材产量年增长 27%，铝板带、铝箔、铝挤压材年均增长分别为 30%、25%、39%。2010 年全国各省市地区铝材产量分布见表 8-11。

表 8-11　2010 年全国各省市地区铝材产量分布

序号	地区	产量/t	占全国比例/%	序号	地区	产量/t	占全国比例/%
1	北　京	9913	0.05	4	山　西	124513	0.61
2	天　津	108550	0.54	5	内蒙古	378954	1.87
3	河　北	313959	1.55	6	辽　宁	761745	3.76

续表 8-11

序号	地区	产量/t	占全国比例/%	序号	地区	产量/t	占全国比例/%
7	吉　林	49433	0. 24	19	广　东	4968541	24. 52
8	黑龙江	72493	0. 36	20	广　西	413374	2. 04
9	上　海	302385	1. 49	21	重　庆	924248	4. 56
10	江　苏	1568355	7. 74	22	四　川	375466	1. 85
11	浙　江	1371785	6. 77	23	贵　州	14862	0. 07
12	安　徽	155257	0. 77	24	云　南	241555	1. 19
13	福　建	797419	3. 94	25	陕　西	46272	0. 23
14	江　西	355937	1. 76	26	甘　肃	109759	0. 54
15	山　东	2129364	10. 51	27	青　海	137196	0. 68
16	河　南	3519916	17. 37	28	宁　夏	34695	0. 17
17	湖　北	362567	1. 79	29	新　疆	45106	0. 22
18	湖　南	566856	2. 80	全国总计		20260475	100

注：数据来源于《有色金属统计》（2011 年 1 月）。

从地区分布来看，铝材生产主要集中在广东、河南、山东省区，这三省产量合计占全国的 50% 以上。其中铝板带箔产能主要分布在河南、重庆、山东、浙江等省市，铝挤压产能主要分布在珠江三角洲、长江三角洲和环渤海湾工业发达区域。

第三节 中国铝加工材消费市场

铝及铝合金加工材具有质轻、耐蚀、比强度高、易加工、表面美观及回收成本低等优点，被广泛应用于机械、电气、交通运输、建筑、印刷、包装等各个行业，是国民经济发展的重要基础原材料。

建筑:主要用于门、窗、护栏、幕墙装饰板、幕墙板等。

结构：主要用于体育馆、机场候机厅、仓库等屋顶的受力构架、活动房、桥梁、高速公路、汽车、火车、地铁列车、飞机、轮船、火箭、飞船等有关设施的框架。

工业：交通运输、耐用消费品、电子设备、机器及装备、容器与包装、印刷行业等。

在铝材的消费结构中，建筑业占到了33.7%的比例，其次是交通运输与电力行业，这三个行业的铝材消费占到了中国铝材消费的64%。

继2001年国内铝挤压材实现净出口后，随着国内供应能力的提高，从2005年开始，铝箔、铝板带先后实现了净出口。2010年国内进口铝材56万吨，出口铝材180万吨，当年铝加工材表观消费量达到1900万吨，相对2001年年均增长24%。当年铝挤压材消费1170万吨，铝板带材消费500万吨，铝箔消费130万吨，分别占国内铝材消费总量的61.5%、26.3%、6.8%，分别较2001年年均增长29%、23%、19%。

第八章　再生铝的产能、产量及消费

第一节　国际再生铝市场

目前，全球铝产品市场中，40%～50%的金属铝需求是通过回收再生铝及铝合金的废料来满足的，如美国、日本、德国、意大利和墨西哥的再生铝产量均超过原铝产量，并且早已形成了较为完整的再生铝工业体系。

全球约有1200家涉及再生铝的规模生产企业（原铝生产厂约为200家），主要集中在北美、西欧、日本、中国等区域，其中欧洲286家，北美237家，亚洲193家（不含中国），美国、中国和日本是再生铝的生产大国。2007年各国再生铝产量占铝总产量的比例分别为：日本高达99%，意大利约79%，美国、德国约60%，英国、法国约30%，而中国仅约18%。

根据国际铝业协会数据，2003年全球再生铝产量1370万吨，2009年达到1940万吨，增长了42%，远大于原铝28%的增长率。2010年全球再生铝产量约为2220万吨。据英国商品研究所（CRU）及海德鲁铝业公司的预测，到2015年，全球再生铝产量将达到2600万吨，年增长率平均为5.8%。

第二节　中国再生铝市场

据统计，2010年我国再生铝的产量仅为400万吨，同比增长29%，约占当年原铝产量的25%。据海关进口废铝数据，2010年我国进口含铝废料达到285万吨，进口金额为42.9亿美元，同比分别增长8.7%和56%。

中国从2001年起已连续10年位居全球铝生产和消费第一大国。截至2009年，中国已使用的铝产品大约在0.9亿吨左右，并且在消费领域已积蓄了1.25亿吨以上的铝存量资源，加之近年来城镇化速度加快，城市拆迁改造、汽车家电以旧换新等政策的实施，为再生铝行业提供了大量的废铝资源，也为未来中国再生铝行业提供了巨大的发展空间。

据不完全统计，目前中国的再生铝生产企业在1000家以上，主要分布在长江三角洲地区、珠江三角洲地区和环渤海湾地区，其中大多数为家庭作坊式的小企业，年产量在10万吨以上的再生铝规模企业仅有6家。

中国再生铝生产水平仍处于初级阶段，主要存在以下问题：

（1）企业数量多、规模小，产业集中度不高，产品结构单一；

（2）技术、装备水平低，产品质量差，能耗高，环境污染严重；

（3）相关法律法规不健全，宏观管理落后，监管不到位。

根据《有色金属工业“十二五”发展规划》，“十二五”期间发展循环经济专项的目标为：按照“减量化、再利用、资源化”的原则，建设以提高资源产出效率和提高资源保障为目标的有色金属工业循环经济项目，到 2015 年，再生铝占当年铝产量的比例达到 30%。

铝的消费去向主要有铝材、导体、铝铸件和炼钢用铝等。只要严格分拣杂铝来料和控制工艺参数，再生铝与电解原铝就有相同的使用效果，而铝铸件是再生铝的主要消费市场。

第九篇

中国铝行业资本运营

第一章　铝行业主要上市公司

中国铝行业主要的上市公司有以下几个：

（1）中国铝业股份有限公司。中国铝业股份有限公司于2001年9月10日在中国注册成立，中国铝业公司是其控股股东。公司股票分别在美国纽约交易所、香港联交所和上海证券交易所挂牌交易。目前是中国铝行业唯一集铝土矿勘探、开采，氧化铝、原铝和铝加工产品的生产、销售、技术研发为一体的大型铝生产经营企业，是中国最大的氧化铝、原铝和铝加工材生产商，是全球第二大氧化铝生产商、第三大原铝生产商。2010年，公司生产氧化铝1089万吨，铝及铝合金384万吨，铝加工材59万吨。

（2）中国电力投资集团公司。中国电力投资集团公司组建于2002年12月，是集电力、煤炭、铝业、铁路、港口各产业于一体的综合性能源集团，是国内五大发电集团之一和国家三大核电开发建设运营商之一。公司注册资本为人民币120亿元。2010年，公司拥有电力装机容量70720MW，其中水电装机容量17740MW，居五大发电集团第一位；在全部装机容量中清洁能源比重达30%，居五大发电集团第一位。公司拥有煤炭产能7275万吨，居国内涉煤央企第三位，电解铝产能208万吨，居全国第二位。

（3）云南铝业股份有限公司。云南铝业股份有限公司始建于1970年，是由云南冶金集团总公司将其全资企业——云南铝厂的生产经营性资产，以独家发起，整体改制，社会公开募集股份方式设立的股份有限公司。公司1998年改制上市，目前已形成铝电解40万吨、铝加工16万吨、炭素制品18万吨的产能规模。总资产近60亿元，现有员工4000余人，销售收入近70亿元的集铝冶炼、炭素制品、铝加工为一体的综合性大型铝企业。

（4）神火煤电股份有限公司。神火煤电股份有限公司是以煤炭、发电、电解铝生产及产品深加工为主的大型企业集团，属中国500强企业，河南省百户重点企业，河南省重点扶持的煤炭骨干企业及铝加工企业，河南省第一批循环经济试点企业。所属子公司河南神火煤电股份有限公司“神火股份”于1999年在深交所挂牌上市。2010年，拥有总资产300亿元，员工35000余人。煤炭生产规模1500万吨，分布在永城、郑州、许昌等地；在建规模1700万吨，分布在山西、新疆和澳大利亚等地。发电装机容量500MW，在建和筹建容量3300MW。氧化铝产能80万吨，电解铝产能90万吨，铝合金和型材加工能力70万吨，高精度双零铝箔2.5万吨。

（5）南山铝业股份有限公司。山东南山铝业股份有限公司创建于1993年，是南山集团（中国企业500强）所属大型企业。公司1999年12月23日成功在上海证券交易所上市。公司已形成一条从能源、电力、氧化铝、电解铝到铝型材、轻合金熔铸、热轧、冷轧、铝箔的完整铝加工产业链，成为全球唯一短距离拥有最完整铝产业链的铝业公司。

（6）中孚实业股份有限公司。河南中孚实业股份有限公司是一家以发电、电解铝及铝深加工为核心产业的大型现代化企业，2002年6月在上海证券交易所挂牌上市。公司注册资本6.57亿元，总资产814325万元，员工5000余人。通过战略重组，公司先后收购河南省银湖铝业有限责任公司、林州市林丰铝电有限责任公司，形成电解铝及铝加工产能100万吨，配套900MW火电装机和15万吨铝用炭阳极的产能规模。

（7）山东信发铝电集团。山东信发铝电集团始建于1972年，现有所属企业及控股公司65家，总资产580余亿元，职工36500余人，是一家集发电、供热、电解铝、氧化铝、炭素、氟化盐、纯碱、中高密度板、味精、电石、石灰、聚氯乙烯、铝深加工十三大产业于一体的现代化大型企业集团。集团公司2007年的发电总装机容量3300MW，年产电解铝100万吨，氧化铝500万吨，炭素60万吨，中高密度板100万立方米。

（8）东方希望包头稀土铝业有限责任公司。东方希望包头稀土铝业有限责任公司为东方希望集团有限公司的控股子公司。公司最初由东方希望集团有限公司、东方希望企业管理有限公司、东方希望投资控股有限公司等42家股东发起组建，注册资本36.1亿元，东方希望集团有限公司和上海重工实业投资有限公司两家股东分别持股80%和20%。公司占地面积2045亩。2010年已形成88万吨电解铝产量的规模。

第二章　铝产品期货交易

铝具有以下适合做期货的特点：品质稳定，不易变质；规格标准化，有明确的质量标准；市场容量大，拥有大量的生产企业、流通企业和消费者，引用领域非常广泛；市场价格波动大且频繁，不存在垄断。

1987年伦敦金属交易所率先推出了铝期货合约，现已经成为LME期货交易中交易量最大的合约。目前国际市场上除了伦敦金属交易所外，纽约商品交易所、东京工业交易所和上海期货交易所都上市铝期货交易品种。

中国铝的期货交易始于1991年。目前，上海期货交易所是国内唯一开展铝期货交易的交易所。上海期货交易所的铝标准合约见表9-1。

表9-1　上海期货交易所的铝标准合约

交易品种	铝
交易单位	5t/手
报价单位	元(人民币)/t

续表 9-1

最小变动价位	10 元/t
每日价格最大波动限制	不超过上一交易日结算价 ±3%
合约交割月份	1～12 月
交易时间	上午 9：00～11：30，下午 1：30～3：00
最后交易日	合约交割月份的 15 日（遇法定假日顺延）
交割日期	最后交易日后连续 5 个工作日
交割品级	标准品：铝锭，符合国标 GB/T 1196—2008 标准中 Al99.70 规定，其中铝含量不低于 99.70%； 替代品：（1）铝锭，符合国标 GB/T 1196—2008 标准中 Al99.85、Al99.90 规定；（2）铝锭，符合 P1020A 标准
交割地点	交易所指定交割仓库
最低交易保证金	合约价值的 5%
交易手续费	不高于成交金额的万分之二（含风险准备金）
交割方式	实物交割
交易代码	Al
上市交易所	上海期货交易所

第三章　铝行业现行的税率

中国铝行业出口商品税率表见表 9-2。

表 9-2 中国铝行业出口商品税率表

序号	税则号列	商品名称（简称）	出口税率/%	2010 年暂定税率/%	2010 年特别出口税率/%
71	26209990	含其他金属及化合物的矿灰与残渣		10	
104	28261290	其他氟化铝		5	
282	76011010	按质量计含铝量在 99.95%及以上的非合金铝	30	0	
283	76011090	按质量计含铝量在 99.95%以下的非合金铝	30	15	
284	76012000	未锻轧铝合金	30	15	
285	76020000	铝废碎料	30	15	
286	76041010	非合金铝条、杆	20	15	
287	76041090	非合金铝型材及异型材	20	0	
288	76042100	铝合金制空心异型材	20	0	
289	76042910	截面周长大于等于 210mm 的铝合金制条、杆	20	15	
290	76042910	截面周长小于 210mm 的铝合金条、杆	20	5	
291	76042990	铝合金制其他型材及异型材	20	0	
292	76051100	最大截面尺寸超过 7mm 的非合金铝丝	20	0	
293	76051900	其他非合金铝丝	20	0	
294	76052100	最大截面尺寸超过 7mm 的铝合金丝	20	0	

续表 9-2

序号	税则号列	商品名称（简称）	出口税率/%	2010年暂定税率/%	2010年特别出口税率/%
295	76052900	其他铝合金丝	20	0	
296	76061120	厚度在0.3mm及以上，但不超过0.36mm的非合金铝制矩形铝板、片及带	20	0	
297	76061190	非合金铝制矩形的其他板、片及带	20	0	
298	76061220	厚度<0.28mm的铝合金制矩形铝板、片及带	20	0	
299	76061230	厚度在0.28mm及以上，但不超过0.35mm的铝合金制矩形铝板、片及带	20	0	
300	76061250	0.35mm<厚度≤0.4mm的铝合金制矩形铝板、片及带	20	0	
301	76061290	厚度>0.4mm的铝合金制矩形铝板、片及带	20	0	
302	76069100	非合金铝制非矩形的板、片及带	20	0	
303	76069200	铝合金制非矩形的板、片及带	20	0	

中国铝行业进口商品暂定税率表见表9-3。

表 9-3　中国铝行业进口商品暂定税率表

序号	税则号列	商品名称	2010 年最惠国税率/%	2010 年暂定税率/%
72	28182000	氧化铝，但人造刚玉除外	8	0
293	76011090	电解铝	5	0
294	76020000	铝废碎料	1.5	0
295	76061120	厚度在 0.3mm 及以上，但不超过 0.36mm 的非合金铝制矩形板、片及带	6	2

中国未加工电解铝出口退税率为 0，半加工产品及铝加工材的出口退税率为 13%，铝箔的出口退税率为 15%。

第十篇

安全、环保、清洁卫生

第一章　铝土矿采选的安全、环保、清洁卫生

第一节　铝土矿采选生产安全

铝土矿山安全生产危害因素主要有地压灾害、滑坡和泥石流危害、坍塌与塌陷危害、爆破危害、瓦斯危害、中毒窒息危害、触电伤害、水灾危害、火灾爆炸危害、车辆伤害、机械伤害、坠落危害、起重伤害、粉尘危害、噪声危害等。

针对以上安全危害因素，矿山企业必须严格遵守国家法律法规和国家安监总局关于建设完善“安全避险六大系统”的相关要求，坚持“安全第一、预防为主、综合治理”的方针，坚持以人为本、安全发展，坚持近期与长远、治标与治本、预防与查处相结合，建立健全各项安全生产技术管理规章制度和各项操作规程，建设安全生产标准化矿山。

第二节 铝土矿采选生产环保

针对生产中产生的污染，可以设计采取以下相应措施予以治理，以保护环境：

（1）粉尘防治。在开采和运输含泥铝土矿过程中产生的粉尘，对采场工作面和运输公路采用洒水车，定期洒水降尘；对中碎、细碎和筛分所产生的粉尘，分别采用溢流水膜除尘器除尘。除尘达标后由高20m的排气筒排放。

（2）废水防治。废水主要是洗矿含泥废水，其次是破碎、筛分、机汽修、化验等作业废水及生活废水。选矿或洗矿含泥废水进入浓密池后，上清液返回作洗矿用水，底流扬送至排泥库，澄清后清水外排，实现零排放。

（3）噪声防治。噪声污染主要来自采掘机械、运输设备和洗矿、破碎等设备，据工程中各噪声源的特点及其所处环境特征，对各噪声源采取了相应的防振减噪措施，使厂界噪声值符合《工业企业厂界噪声标准》（GB 12348—90）Ⅲ类区标准的规定。

（4）废渣防治。剥离土主要是腐殖质和黏土，全部用于采空区复垦回填，故不设永久堆场，采矿剥离时，剥离表土就近堆于采场附近，待采空区复垦时回填。在作业时应加强临时堆场的防护和管理，以防止水土流失。

（5）水土保持。采空区采用土地整治（复垦）、植物护坡和永久性植被措施。采场采用境界外截水沟截水，采场内排水沟排水和机械排水，以控制水土流失。

对于采选工业场地的多台阶的布置形式，均采用挡土墙及护坡工程防护；同时在采选工业场地各车间旁边空地上种植花草及灌木。采场边坡及采场公路两侧边坡均采取植被措施进行绿化，以避免水土流失。

(6) 绿化设施。绿化以恢复露天境界施工阶段破坏的植被为主，在露天采场周边尽可能进行绿化补偿，在排泥库干坡栽种耐旱、耐贫瘠植物如冬茅草、马鞭草等，此外，在房前屋后应种植常绿乔灌木，以补偿由建设引起的植被破坏，恢复矿区生态，美化矿区环境。

第三节 铝土矿采选生产清洁卫生

铝土矿山采选企业生产过程中的职业卫生危害因素主要有粉尘、噪声、一氧化碳（CO）、二氧化碳（CO_2）、一氧化氮（NO）、二氧化氮（NO_2）、二氧化硫（SO_2）、硫化氢（H_2S）、甲醛（HCHO）、丙烯醛（CH_2CHCHO）、臭氧（O_3）、甲烷、氢危害，酸碱灼伤，高温中暑等。矿山企业应严格遵守国家相关法律法规和国家安监总局关于建设完善“安全避险六大系统”的相关要求，对所有危害因素进行监测监控，采用湿式凿岩、喷雾洒水、加强通风、完备通风系统、控制污染源、个体防护等措施，建立完善的清洁卫生管理规章制度，制定事故应急救援预案，并在各生产环节中落实。

第二章　氧化铝生产的安全、环保、清洁卫生

第一节　氧化铝生产的安全

氧化铝生产中存在的安全生产危害因素有厂址所在地区的自然灾害、生产工艺系统危害、易燃易爆危化品及其他物料危害、压力管道和压力容器危害、强酸与强碱及高碱料浆槽等常压设备的危害、高温高热危害、重大危险源危害、供电系统及电气设备危害、有毒有害气体危害、高噪声危害、机械危害、放射性危害及特种设备危害等。

针对以上安全危害因素，要求氧化铝企业采取防雷、防洪、抗震、防滑坡、泥石流等自然灾害防范措施；防火防爆技术措施，防止酸碱液泄漏灼伤措施，用电安全及电气保护和防触电措施，防范高温高热、重大危险源、机械伤害、噪声危害的技术措施，防尘防毒措施，辐射防护措施以及高空坠落、高空坠物伤害防范措施，特种设备安全运行措施等。在采取各项安全技术措施的同时，氧化铝企业还应建立完善的安全生产管理规章制度、规程，并在各生产环节中落实。

第二节　氧化铝生产的环保

氧化铝企业采用的氧化铝生产工艺首先应满足《清洁生

产标准 氧化铝业》（HJ 473—2009）要求。氧化铝生产过程产生的环境污染物种类主要有废气、废水、固体废弃物以及噪声，其中废气中含有的污染物有 SO_2、NO_x、烟（粉）尘等；废水主要是含碱生产废水、生活污水；固体废弃物主要是赤泥、燃煤灰渣、煤气炉渣、石灰消化渣等。

对生产过程产生的粉尘应设置烟气净化、收尘设施，使氧化铝生产系统排放尾气中各污染物浓度满足《铝工业污染物排放标准》（GB 25465—2010）中大气污染物排放浓度限值要求。

配套热电厂排放烟气中各污染物浓度满足《火电厂大气污染物排放标准》（GB 13223—2011）限值要求。

对生产排水应设置循环水系统循环利用，生产废水和生活污水应设置废污水处理设施，使废污水排放满足《铝工业污染物排放标准》（GB 25465—2010）中水污染物排放浓度限值要求。

对于处理后的回用水水质应满足《城市污水再生利用 工业用水水质》（GB/T 19923—2005）要求。

固体废弃物赤泥、灰渣应考虑综合利用，在不能综合利用堆场堆放时，堆场建设及防渗应按照固废分类满足《一般工业固体废物贮存、处置场污染控制标准》（GB 18599—2001）要求。

噪声应根据项目所在区域声环境功能区划控制满足《工业企业厂界环境噪声排放标准》（GB 12348—2008）要求。

第三节　氧化铝生产的清洁卫生

氧化铝生产过程存在的职业卫生危害种类主要有酸碱灼伤、含 SO_2 废气中毒、H_2S 废气中毒、原料及物料粉尘危害、高温中暑及噪声聋。针对所存在的职业卫生危害因素，应采取符合《清洁生产标准 氧化铝业》的工艺技术，同时采取防止及控制操作人员直接接触高浓度酸碱、粉尘的防护措施，废气净化及监控报警措施，加强生产场所通风措施，采取隔热降温措施防止热辐射及高温中暑，采取降噪、隔声、消声、减振、个人佩戴防护用品等措施避免噪声伤害。同时，氧化铝企业还应建立完善的清洁卫生管理规章制度，制定事故应急救援预案，并在各生产环节中落实。

第三章　电解铝生产的安全、环保、清洁卫生

第一节　电解铝生产的安全

电解铝生产中存在的安全生产危害因素有厂址所在地区的自然灾害、生产工艺系统危害、易燃易爆危化品及其他物料危害、压力管道和压力容器危害、高温高热危害、供电系统及电气设备危害、有毒有害气体危害、高噪声危害、机械危害、特种设备危害等。

针对以上危害因素，要求采取防雷、防洪、抗震、防滑坡、防泥石流等防范自然灾害的措施；防火防爆措施，用电安全及电气保护和防触电措施，防范高温高热、机械伤害、噪声危害措施，防尘防毒措施，高空坠落、高空坠物伤害防护措施，特种设备安全运行措施等。在采取各项安全技术措施的同时，电解铝企业还应建立完善的安全生产管理规章制度，并在各生产环节中落实。

第二节 电解铝生产的环保

采用的电解铝生产工艺应满足《清洁生产标准 电解铝业》（HJ/T 187—2006）要求。电解铝生产产生的污染物主要有废气、废水、固体废弃物以及噪声，其中废气中含有的污染物有氟化物、粉尘；废水主要是生产废水、生活污水；固体废弃物主要是电解槽大修渣。

对含氟电解烟气、各散尘点粉尘应分别设置烟气净化、除尘设施，使排放尾气中污染物浓度满足《铝工业污染物排放标准》(GB 25465—2010)中大气污染物排放浓度限值要求。

生产排水应设置循环水系统循环利用，生产废水和生活污水应设置废污水处理设施，使废污水排放满足《铝行业污染物排放标准》（GB 25465—2010）中水污染物排放浓度限值要求，对于处理后回用的水，水质应满足《城市污水再生利用 工业用水水质》（GB/T 19923—2005）要求。

固体废弃物电解槽大修渣属于危险废物，其堆场建设应满足《危险废物填埋污染控制标准》（GB 18598—2001）要求。

噪声应根据项目所在区域声环境功能区划控制满足《工业企业厂界环境噪声排放标准》（GB 12348—2008）要求。

第三节 电解铝生产的清洁卫生

电解铝生产过程存在的职业卫生危害种类主要是工业性氟中毒、原料及物料粉尘危害、电磁场伤害、高温中暑及噪声聋。

针对所存在的职业卫生危害因素，应采取防止及控制操作人员接触氟化物、粉尘的措施；应采取符合《清洁生产标准 电解铝业》的工艺技术，废气净化及收尘措施；采取工程防护措施避免操作人员受到电磁场辐射伤害；采取隔热降温措施防止热辐射及高温中暑；采取降噪、隔声、消声、减振、个人佩戴防护用品等措施避免噪声伤害。同时，电解铝企业还应建立完善的清洁卫生管理规章制度，制定事故应急救援预案，并在各生产环节中落实。

第四章 铝用炭素生产的安全、环保、清洁卫生

第一节 铝用炭素生产的安全

铝用炭素生产中存在的安全生产危害因素有厂址所在地区的自然灾害、生产工艺系统危害、易燃易爆危化品及其他

物料危害、压力管道和压力容器危害、高温高热危害、重大危险源危害、供电系统及电气设备危害、有毒有害气体危害、高噪声危害、机械危害、特种设备危害等。

针对以上存在的危害因素，要求采取防雷、防洪、抗震、防滑坡、防泥石流等防范自然灾害的措施；防火防爆措施，用电安全及电气保护和防触电措施，防范高温高热、重大危险源、机械伤害、噪声危害的措施，防尘防毒措施，高空坠落防范措施，高空坠物伤害防范措施，特种设备安全运行措施等。在采取各项安全技术措施同时，企业还应建立完善的安全生产管理规章制度，并在各生产环节中落实。

第二节　铝用炭素生产的环保

铝用炭素生产产生的污染物主要有废气、废水、固体废弃物以及噪声，其中废气中含有的污染物有 SO_2、沥青烟、氟化物、粉尘；废水主要是生产废水、生活污水；固体废弃物主要是煅烧炉、焙烧炉炉修渣。

对原料煅烧废气、生阳极制造过程中产生的沥青烟、粉尘废气以及各散尘点粉尘应分别设置净化、除尘设施，使排放尾气中污染物浓度满足《铝工业污染物排放标准》(GB 25465—2010）中大气污染物排放浓度限值要求。

生产排水应设置循环水系统循环使用，生产废水和生活污水应设置废污水处理设施进行处理，处理后废污水排放应满足《铝工业污染物排放标准》(GB 25465—2010)水污染物排放浓度限值要求；对于处理后回用的水，水质应满足《城市污水再生利用 工业用水水质》(GB/T 19923—2005)要求。

固体废弃物煅烧炉、焙烧炉炉修渣应综合利用，采用堆场堆放时，堆场应满足《一般工业固体废物贮存、处置场污染控制标准》（GB 18599—2001）要求。

噪声应根据项目所在区域声环境功能区划控制满足《工业企业厂界环境噪声排放标准》(GB 12348—2008）要求。

第三节 铝用炭素生产的清洁卫生

铝用炭素生产过程存在的职业卫生危害种类主要有沥青烟伤害、炭粉尘危害、高温中暑及噪声聋。针对所存在的职业卫生危害因素，应采取防止及控制操作人员接触沥青及沥青烟、炭粉尘的措施；废气净化及收尘措施；采取隔热降温措施防止热辐射及高温中暑；采取降噪、隔声、消声、减振、个人佩戴防护用品等措施避免噪声伤害。同时，炭素企业还应建立完善的清洁卫生管理规章制度，制定事故应急救援预案，并在各生产环节中落实。

第五章 铝加工生产安全、环保、清洁卫生的基本要求

第一节 铝加工生产的安全

铝加工生产中存在的安全生产危害因素有厂址所在地区

的自然灾害、生产工艺系统危害、易燃易爆危化品及其他物料危害、压力管道和压力容器危害、酸碱槽等常压设备的危害、高温高热危害、重大危险源危害、供电系统及电气设备危害、有毒有害气体危害、高噪声危害、机械危害、放射性危害以及坠落危害、爆炸危害、火灾危害等。

针对以上安全危害因素，在铝加工企业要求采取防雷、防洪、抗震、防滑坡、防泥石流等防范自然灾害的措施；防火防爆技术措施，防止酸碱液泄漏灼伤措施、用电安全及电气保护和防触电措施，防范高温高热、重大危险源、机械伤害、噪声危害的技术措施，防尘防毒措施，辐射防护措施以及高空坠落、高空坠物伤害防护措施，特种设备安全运行措施等。在采取各项安全技术措施的同时，铝加工企业还应建立完善的安全生产管理规章制度、规程，并在各生产环节中落实。

第二节 铝加工生产的环保

采用的铝加工生产工艺应满足《有色金属工业环境保护设计技术规范》（YS 5017—2004）要求。铝加工生产产生的污染物主要有废气、废水、固体废弃物以及噪声，其中废气中含有的污染物有氯化物、粉尘；废水主要是生产废水、生活污水；固体废弃物主要是熔铝炉大修渣。

对含煤油基的油雾、烟气、各散尘点粉尘应分别设置烟气净化、除尘设施，使排放尾气中污染物浓度满足《铝工业污染物排放标准》(GB 25465—2010) 中大气污染物排放浓度限值要求。

生产排水应设置循环水系统循环利用，生产废水和生活污水应设置废污水处理设施，使废污水排放满足《污水综合排放标准》(GB 8978—1996) 中水污染物排放浓度限值要求，对于处理后回用的水，水质应满足《城市污水再生利用 工业用水水质》(GB/T 19923—2005) 要求。

固体废弃物熔铝炉大修渣属于危险废物，其堆场建设应满足《危险废物贮存污染控制标准》(GB 18597—2001) 要求。

噪声应根据项目所在区域声环境功能区划控制满足《工业企业厂界环境噪声排放标准》(GB 12348—2008) 要求。

第三节 铝加工生产的清洁卫生

铝加工生产过程存在的职业卫生危害种类主要是工业性氯气中毒、轧制油雾危害、原料及物料粉尘危害、电磁场伤害、高温中暑及噪声聋。

针对所存在的职业卫生危害因素，应采取防止及控制操作人员接触氯化物、粉尘的措施；应采取符合《工业场所有害因素职业接触限值·化学有害因素》(GBZ 2.1—2007)、《工业场所有害因素职业接触限值·物理因素》(GBZ 2.2—2007) 的工艺技术，废气净化及收尘措施；采取工程防护措施避免操作人员受到电磁场辐射伤害；采取隔热、降温、通风等措施防止热辐射及高温中暑；采取降噪、隔声、消声、减振、个人佩戴防护用品等措施避免噪声伤害。同时铝加工企业还应按照《工业企业设计卫生标准》（GBZ 1—2010），建立完善的清洁卫生管理规章制度，制定事故应急救援预案，并在各生产环节中落实。

第十一篇

世界、中国铝行业十大生产商与世界铝行业十大消费国

第一章 世界铝行业十大生产商

世界铝行业有十大生产商，现简单介绍其基本情况：

（1）美国铝业公司（Alcoa）。美国铝业公司（Alcoa）始建于1888年，被公认为全球最大的铝业公司，在36个国家和地区拥有超过400个运营机构，在全球共有12.7万名雇员。2010年Alcoa在全球拥有股权的9家氧化铝企业总产能为1811.2万吨，产量为985万吨，23家电解铝企业总产能为451.8万吨，产量为343.7万吨。

（2）力拓集团加拿大铝业公司（Rio Tinto Alcan）。加拿大铝业公司（Alcan）始建于1902年，2007年被力拓集团以381亿美元收购，成为力拓集团加拿大铝业公司。目前力拓加铝资产383.26亿美元，拥有6个铝土矿山，10家氧化铝企业总产能870万吨，原铝总产能440万吨，13家电厂总装机容量610万千瓦。

（3）中国铝业公司（Chinalco）。中国铝业公司（Chinalco）成立于2001年2月，是中央管理的国有重要骨干企业，从事矿产资源开发、有色金属冶炼加工、相关贸易及工程技术服务等，是目前全球第二大氧化铝供应商、第三大电解铝供应商和第五大铝加工材供应商，铜业综合实力位居全国第一。公司现有员工24万人，所属企业65家，业务遍布全球20多个国家和地区。2010年，生产氧化铝1090万吨，电解铝432万吨，铝加工材71.8万吨，铜加工材17万吨，精炼铜33万吨，完成销售收入1954亿元，连续四年跻身世界500强企业行列。

（4）俄罗斯联合铝业公司（UC Rusal）。2007年3月，俄罗斯铝业公司（Rusal）、西伯利亚乌拉尔铝业集团和瑞士嘉能可国际公司（Glencore International）合并成立俄罗斯铝业联合公司（United Company Rusal）。UC Rusal公司业务遍布全球五大洲的19个国家。目前拥有15家铝冶炼厂、12家氧化铝厂、7个铝土矿、3家铝箔厂和2家炭素厂，职工11万多名。2010年俄铝的铝土矿产量1180万吨，氧化铝产量782.9万吨，原铝产量408.3万吨。

（5）挪威海德鲁铝业公司（Hydro Aluminium）。1986年9月，海德鲁铝业（Hydro）与挪威能源ASV公司合并成立了挪威海德鲁铝业公司（Hydro Aluminium），核心业务是石油及能源、铝镁轻金属、化肥。现在中国的主要业务是化肥，挤压铝型材，镁合金和镁阳极及PVC胶布和PVC树脂。挪威海德鲁铝业公司是世界第一大化肥生产商、第三大废铝加工（230万吨铝锭产能中有90万吨来自废铝加工）和世界第一大镁生产商，公司资产约70亿美元，职工5.31万人，销售额在350亿美元左右。公司拥有7家独资电解铝厂，有5家参股的电解铝厂。2010年海德鲁生产氧化铝197.5万吨，电解铝134.5万吨。

（6）迪拜铝业有限公司（Dubal Aluminium）。阿联酋迪拜铝业公司（Dubal Aluminium）成立于1979年，不仅是远东地区汽车工业用铝的主要供应商，还是建筑市场优秀的挤压型铝圆锭制造商，同时其所生产的高纯铝也是电子和航空工业用户的首选对象。迪拜铝业2008年拥有一个年产能95万吨的铝厂（8条电解槽系列，1557台槽），一个2100MW发电站，一个大型炭素厂，一个海水淡化厂及港口和存储设施。2010年原铝年产能已经提升至150万吨左右。

（7）中国电力投资集团公司（CPI）。中国电力投资集团公司组建于2002年12月，注册资本金120亿元。2010年公司可控装机容量6000万千瓦，煤炭产能5015万吨，电解铝产能208.3万吨。清洁能源比例为30%，居五大发电集团首位。公司资产总额3776亿元，资产分布在全国28个省、市、自治区及港、澳等地，拥有6家上市公司，24个已建成的1000MW以上的大型电厂，职工约10.5万人。2011年底，中国电力投资集团公司电力装机容量7680万千瓦，煤炭产能7350万吨，电解铝产能260万吨，资产总额5034亿元；全年完成发电量3259亿千瓦时、煤炭产量6068万吨、电解铝产量203万吨、铁路运量968万吨；营业收入1576亿元，实现利润总额 26 亿元。

（8）必和必拓公司（BHP Billiton）。BHP 公司于 1885 年在墨尔本成立，Billiton 公司于 1860 年成立，2001 年 6 月两公司合并成立必和必拓公司（BHP Billiton），成为以经营石油和矿产为主的全球三大矿业巨头之一的跨国公司。公司员工约 3.5 万人，目前已形成铁矿石产能约 2 亿吨，氧化铝产能 350 万吨（Worsley 氧化铝厂），原铝产能 143 万吨，镍铁产能 8 万吨。

（9）山东信发铝电集团有限公司（Xinfa）。山东信发铝电集团有限公司始建于 1972 年，现有所属企业及控股公司 72 家，总资产 1000 余亿元，职工 6 万余人，是一家集发电、供热、氧化铝、电解铝、炭素、氟化盐、烧碱、聚氯乙烯、电石、石灰、真空制盐、铝深加工、中高密度板等产业于一体的现代化大型企业集团。2007 年发电装机总容量达 330 万千瓦，年产电解铝 100 万吨，氧化铝 500 万吨，炭素 60 万吨，中高密度板 100 万立方米，味精 10 万吨，液碱 100 万吨，电石 100 万吨，石灰 100 万吨，聚氯乙烯 60 万吨。信发集团新疆项目预计总投资 300 亿元人民币，建设总规模 160 万吨铝、280 万千瓦热电机组、120 万吨兰炭、60 万吨炭素、36 万吨沥青。

（10）巴林铝业公司（Alba）。巴林铝业公司（Aluminium Bahrain）是中东地区最大的铝业生产商之一，其股东分别为巴林政府 77% 的股份，沙特萨比克（Saudi Arabia）20% 的股份，德国 Breton 投资集团 3% 的股份。公司原铝产能约120万吨，是中东地区最大的铝业生产商，2011年公司净利润5.64亿美元，增长53%。

2006年和2009年全球氧化铝产量排名前十的铝业公司变化情况如表11-1所示。

表11-1 2006年和2009年全球氧化铝产量排名前十的铝业公司

排名	2006年		2009年	
	排名前十位的铝业公司	氧化铝产量/万吨	排名前十位的铝业公司	氧化铝产量/万吨
1	俄罗斯铝业联合公司	1080	美国铝业公司	894.3
2	中国铝业股份有限公司	948.8	力拓集团加拿大铝业公司	875.0
3	加拿大铝业公司	571.3	中国铝业股份有限公司	856.9
4	嘉能可国际公司	441.8	俄罗斯铝业联合公司	730.0
5	必和必拓公司	429.4	力拓集团加拿大铝业公司	
6	俄罗斯铝业公司	304.7	巴西 Alunorte 铝业公司	591.0
7	西伯利亚乌拉尔铝业公司	223.1	巴西淡水河谷公司	
8	巴西淡水河谷公司	222.0	哈萨克斯坦 ENRC 公司	172.0
9	挪威海德鲁铝业公司	187.7	嘉能可国际公司	
10	美国铝业公司	85.2	印度国家铝业公司	

注：数据来源于CRU。

2006年和2011年全球原铝产量排名前十的铝业公司变化情况如表11-2所示。

表 11-2 2006 年和 2011 年全球原铝产量排名前十的铝业公司

排名	2006 年		2011 年	
	排名前十位的铝业公司	原铝产量/万吨	排名前十位的铝业公司	原铝产量/万吨
1	美国铝业公司	359	俄罗斯铝业联合公司	412.7
2	加拿大铝业公司	304.6	力拓集团加拿大铝业公司	382.9
3	中国铝业股份有限公司	295.2	美国铝业公司	366.9
4	俄罗斯铝业联合公司	284.2	中国铝业股份有限公司	312.7
5	挪威海德鲁铝业公司	178.9	挪威海德鲁铝业公司	170.5
6	必和必拓公司	140.4	迪拜铝业有限公司	138.6
7	西伯利亚铝业公司(Sual)	104.2	中国电力投资集团公司	138.1
8	巴林铝业公司	85.7	必和必拓公司	124.9
9	迪拜铝业有限公司	77.7	山东信发铝电集团有限公司	101.6
10	科马克（Comalco）	76.8	巴林铝业公司	88.1

注：数据来源于 CRU。

第二章 中国铝行业十大生产商

2005 年和 2011 年中国氧化铝产量、产能排名前十的铝业公司变化情况如表 11-3 所示。

表 11-3 2005 年和 2011 年中国氧化铝产量、产能排名前十的铝业公司

排名	2005 年		2011 年	
	排名前十位的铝业公司	产量/万吨	排名前十位的铝业公司	产能/万吨
1	中国铝业河南分公司	168.07	山东信发铝电集团	960
2	中国铝业中州分公司	154.60	魏桥铝业科技有限公司	600

续表 11-3

排名	2005 年		2011 年	
	排名前十位的铝业公司	产量/万吨	排名前十位的铝业公司	产能/万吨
3	中国铝业山西分公司	150.66	开曼铝业有限公司	400
4	山东铝业股份公司	118.01	山西鲁能晋北铝业有限公司	280
5	中国铝业贵州分公司	94.23	东方希望三门峡铝业有限公司	250
6	中国铝业广西分公司	92.46	中国铝业山西分公司	220
7	山东茌平信发铝业	32.13	中国铝业贵州分公司	220
8	平顶山汇源铝业	16.79	中国铝业广西分公司	200
9	重庆博赛铝业	7.68	广西华银铝业有限公司	200
10	山东铝业公司	6.97	山东南山集团	160

2006 年和 2011 年中国原铝产量、产能排名前十的铝业公司变化情况如表 11-4 所示。

表 11-4　2006 年和 2011 年中国原铝产量、产能排名前十的铝业公司

排名	2006 年		2011 年	
	排名前十位的铝业公司	产量/万吨	排名前十位的铝业公司	产能/万吨
1	青铜峡铝业(含加宁公司)	55.66	山东信发铝电集团	179
2	豫港龙泉	40.77	山东魏桥铝业科技有限公司	127
3	中铝青海分公司	38.22	中电投宁夏青铜峡能源集团	112
4	云南铝业	37.82	伊川电力集团总公司	84

续表 11-4

排名	2006 年		2011 年	
	排名前十位的铝业公司	产量/万吨	排名前十位的铝业公司	产能/万吨
5	中铝贵州分公司	36.27	南山集团铝业股份有限公司	75
6	桥头铝电	29.90	河南中孚实业集团	69
7	中铝包头铝业	28.16	中国铝业青海鑫恒铝业公司	65
8	山东信发集团	28.04	中国铝业包头铝业公司	65
9	中铝华泽铝电	27.02	河南万基铝业股份有限公司	60
10	中铝连城铝业	26.50	东方希望包头稀土铝业公司	60

注：数据来源于中国有色协会铝镁分会。

第三章　世界铝行业十大消费国

2004 年和 2010 年世界原铝消费量排名前十的国家变化情况如表 11-5 所示。

表 11-5　2004 年和 2010 年世界原铝消费量排名前十的国家

排名	2004 年		2010 年	
	排名前十位的国家	原铝消费量/万吨	排名前十位的国家	原铝消费量/万吨
1	中　国	594.28	中　国	977.5
2	美　国	580	美　国	—

续表 11-5

排名	2004 年		2010 年	
	排名前十位的国家	原铝消费量/万吨	排名前十位的国家	原铝消费量/万吨
3	日　本	231.86	德　国	—
4	德　国	179.46	日　本	393.5
5	韩　国	111.83	巴　西	126
6	俄罗斯	102	印　度	—
7	意大利	98.66	韩　国	—
8	印　度	86.06	俄罗斯和独联体	80
9	加拿大	76.05	意大利	—
10	法　国	74.85	南　非	—

参考文献

[1] 冯乃祥. 铝电解[M]. 北京：化学工业出版社，2006.

[2] [日] 轻金属ダイジュスト. 1987，№832.

[3] 邱竹贤. 预焙槽炼铝[M]. 北京：冶金工业出版社，2005.

[4] 张莓. 我国铝土矿资源开发的实况与问题[J]. 中国金属通报，2010(17)：36~38.

[5] 肖亚庆. 中国铝工业技术发展[M]. 北京：冶金工业出版社，2007.

[6] 刘业翔，李劼，等. 现代铝电解[M]. 北京：冶金工业出版社，2008.

附录一　中国铝行业相关法规文件

《当前国家重点鼓励发展的产业、产品和技术目录》(2000 年修订)

《国家计委、国家经贸委关于制止电解铝行业重复建设势头意见的通知》(国办发〔2002〕29 号)

《关于进一步加强宏观调控引导促进电解铝行业有序发展的意见的通知》(发改办工业〔2003〕143 号)

《关于钢铁、电解铝、水泥行业项目清理有关意见》(发改工业〔2004〕1791 号)

《国家发展改革委核报国务院核准或审批的固定资产投资项目目录(试行)》(发改投资〔2004〕1927 号)

《国家发展改革委关于改进和完善报请国务院审批或核准的投资项目管理办法》(发改投资〔2005〕76 号)

《国家发展改革委关于进一步加强中央党政机关等建设项目管理和投资概算控制的通知》(发改投资〔2005〕907 号)

《国家发展改革委关于印发审批地方政府投资项目有关规定(暂行)的通知》(发改投资〔2005〕1392 号)

《国家发展改革委关于制止氧化铝盲目发展、无序建设的通知》(发改工业〔2005〕155 号)

《国家发展改革委关于进一步贯彻落实加快产业结构调整政策措施遏制铝冶炼投资反弹的紧急通知》(发改运行〔2007〕709 号)

《国家发展改革委、国家电监会关于取消电解铝等高耗能行业电价优惠有关问题的通知》(发改价格〔2007〕3550 号)

《国务院关于进一步加强淘汰落后产能工作的通知》(国发〔2010〕7 号)

《国务院关于进一步加大工作力度确保实现"十一五"节能减排目标的通知》(国发〔2010〕12 号)

《关于下达 2010 年工业行业淘汰落后产能目标任务的通知》(工信部产业〔2010〕251 号)

《2010 年工业行业淘汰落后产能企业名单》(工信部产业〔2010〕111 号)

《关于遏制电解铝行业产能过剩和重复建设引导产业健康发展的紧急通知》(工信部联原〔2011〕177 号)

《中华人民共和国节约能源法》(2008年4 月 1 日实行)

《建设项目环境保护管理条例》(国务院〔1998〕253 号令)

《建设项目安全设施"三同时"监督管理暂行办法》(国家安全生产监督管理总局令第 36 号)

《国务院关于进一步加强企业安全生产工作的通知》(国发〔2010〕23 号)

《国务院安委办关于学习贯彻国务院 23 号文的通知》(安委办〔2010〕15 号)

《国务院安委会办公室关于贯彻落实〈国务院关于进一步加强企业安全生产工作的通知〉》(安委办〔2010〕17 号)

《尾矿库安全监督管理规定》(国家安全监督管理总局〔2006〕6 号令)

附录二　中国铝行业相关产业政策

《铝工业发展专项规划》(2005 年 10 月 11 日)

《铝工业产业发展政策》(2005 年 10 月 11 日)

《促进产业结构调整暂行规定》(国发〔2005〕40 号)

《产业结构调整指导目录(2005 年本)》(国家发改委第 40 号文)

《关于加快铝工业结构调整指导意见的通知》(发改运行〔2006〕589 号)

《有色金属工业中长期科技发展规划(2006～2020 年)》

《有色金属产业调整和振兴规划》(国发〔2009〕14 号)

《关于开展电解铝企业直购电试点工作的通知》(工信部联原〔2009〕62 号)

《再生有色金属产业发展推进计划》(工信部联节〔2011〕51 号)

《有色金属工业“十二五”发展规划》(国家工信部,2011 年 12 月 4 日)

《铝工业“十二五”发展专项规划》(国家工信部,2011 年 12 月 4 日)

《关于加强高铝粉煤灰资源开发利用的指导意见》(发改办产业〔2011〕310 号)

《大宗工业固体废物综合利用“十二五”规划》(工信部规〔2011〕600 号)

附录三　中国铝行业行业规定

《铝行业清洁生产评价指标体系(试行)》(国家发展和改革委员会,2006年12月)

《企业安全标准化基本规范》AQ/T 9006—2010

——《氧化铝、电解铝(含熔铸、炭素)企业安全标准化考评办法及考评标准》(安监总管四〔2011〕56号)

——《有色重金属冶炼企业安全生产标准化评定标准》(安监总管四〔2011〕130号)

——《有色金属压力加工企业安全生产标准化评定标准》(安监总管四〔2011〕130号)

——《氧化铝、电解铝企业安全生产标准化考评标准》(国家安全监管总局,2011年4月25日)

《预焙阳极铝电解槽能量平衡测试与计算方法　五点进电和六点进电预焙阳极铝电解槽》YS/T 481—2005

《预焙阳极铝电解槽能量平衡测试与计算方法　四点进电和两点进电预焙阳极铝电解槽》YS/T 480—2005

《电解铝企业单位产品能源消耗限额》GB 21346—2008

《铝合金建筑型材单位产品能源消耗限额》GB 21351—2008

《变形铝及铝合金单位产品能源消耗限额》YS/T 694.1～3—2009

《铝及铝合金热挤压棒材单位产品能源消耗限额》GB 26756—2011

附录四　中国铝行业准入条件

《铝行业准入条件》(国家发改委 2007 年第 64 号公告)

附录五　中国铝行业主要原材料质量标准目录

《铝土矿石》GB/T 24483—2009

《石灰石》YB/T 5279—2005

《氢氧化铝》GB/T 4294—1997

《工业用氢氧化钠》GB 209—2006

《煅烧 α 型氧化铝》YS/T 89—1995

《氧化铝》GB/T 24487—2009

《冰晶石》GB/T 4291—2007

《氟化铝》GB/T 4292—2007

《氟化钠》YS/T517—2009

《氟化钙》GB 27804—2011

《工业碳酸钠及其试验方法》GB 210. 1 ~ 2—2004

《铝电解用预焙阳极》YS/T 285—2007

《铝电解用阳极糊》YS/T 284—1998

《铝电解用普通阴极炭块》YS/T 286—1999

《铝电解用半石墨质阴极炭块》YS/T 287—2005

《铝电解用高石墨质阴极炭块》YS/T 623—2007

《铝电解用石墨化阴极炭块》YS/T 699—2009

《铝电解用阴极糊》YS/T 65—2007

《高炉用碳化硅结合氮化硅砖》YB/T 4035—1991

《铝电解槽用干式防渗料》YS/T 456—2003

《延迟石油焦(生焦)》SH/T 0527—1992

《沥青焦》YB/T 5299—2009

《冶金焦炭》GB/T 1996—2003

《改质沥青》YB/T 5194—2003

《煤沥青》GB/T 2290—1994

《微晶石墨》GB/T3519—2008

《冶金焦炭》GB/T 1996—2003

《炭阳极用煅后石油焦》YS/T 625—2007

《燃料油》SH/T 0356—1996

《天然气》GB 17820—1999

附录六　中国铝行业主要产品质量标准目录

1. 冶炼及加工产品

《重熔用铝锭》GB/T 1196—2008

《炼钢脱氧和部分铁合金用铝锭》YS/T 75—1994

《重熔用铝稀土合金锭》YS/T 309—1998

《变形铝及铝合金圆铸锭》YS/T67—2005

《铝线锭》GB/T 1197—1975

《铝中间合金锭》YS/T 282—2000

《高纯铝》YS/T 275—2008

《重熔用精铝锭》GB/T 8644—2008

《铸造铝合金锭》GB/T 8733—2007

《重熔用电工铝锭》GB 12768—1991

《铝合金挤压用圆铸锭》YS/T 67—1993 LD30、LD31

《铝及铝合金导体》YS/T 454—2003

2. 板、带材产品标准

《铝及铝合金花纹板》GB/T 3618—1989

《一般工业用铝及铝合金板、带材　第1部分　一般要求》YS/T 3880. 1—2006

《一般工业用铝及铝合金板、带材　第2部分　力学性能》YS/T 3880. 2—2006

《一般工业用铝及铝合金板、带材　第3部分　尺寸偏差》YS/T 3880. 3—2006

《铝及铝合金波纹板》GB/T 4438—2006

《铝及铝合金压型板》GB/T 6891—2006

《铝及铝合金花纹板》GB/T 3618—2006

《铝及铝合金冷轧带材》GB/T 8544—1997

《铝及铝合金热轧带材》GB/T 16501—1996

《钎焊用铝合金板材》YS/T 69—2005

《铝及铝合金铸轧带材》YS/T 90—2008

《瓶盖用铝及铝合金板、带、箔材》YS/T 91—2009

《表盘及装饰用铝及铝合金板》YS/T 242—2009

《印刷版基用铝板带》YS/T 421—2007

《铝幕墙板　板基》YS/T 429. 1—2000

《铝幕墙板　氟碳喷漆铝单板》YS/T 429. 2—2000

《铝及铝合金彩色涂层板、带材》YS/T 431—2009

《铝塑复合板用铝带》YS/T 432—2000

《铝塑复合管用铝及铝合金带、箔材》YS/T 434—2009

《易拉罐罐体用铝合金带材》YS/T 435—2009

《双零铝箔用冷轧带材》YS/T 457—2003

《铝及铝合金压花板、带材》YS/T490—2005

《洗衣机用铝及铝合金板材》YS/T494—2005

3. 箔材产品标准

《铝及铝合金箔》GB/T 3198—2005

《电解电容器用铝箔》GB/T 3615—1999

《精制铝箔》GB/T 10570—1989

《空调器散热片用铝箔　第 1 部分　基材》YS/T 95. 1—

2009

《空调器散热片用铝箔　第2部分　涂层铝箔》YS/T 95.2—2009

《电缆用铝箔》YS/T 430—2000

《钎焊式热交换器用铝合金箔》YS/T 496—2005

《钎焊式热交换器用铝合金复合箔》YS/T 446—2002

4. 管、棒材产品标准

《铝及铝合金挤压棒材》GB/T 3191—1998

《电工圆铝杆》GB/T 3954—2008

《铝及铝合金热挤压管　第1部分：无缝圆管》GB/T 4437.1—2000

《铝及铝合金热挤压管　第2部分：有缝管》GB/T 4437.2—2003

《铝及铝合金拉(轧)制无缝管》GB/T 6893—2000

《旋压无缝铝筒》GB/T 8645—1988

《铝及铝合金焊接管》GB/T 10571—1989

《凿岩机用铝合金管材》YS/T 97—1997

《铝及铝合金挤压扁棒》YS/T 439—2001

《活塞用4A11、4032合金挤压棒材》YS/T493—2005

《铝及铝合金导体》YS/T454—2003

5. 型材产品标准

《铝合金建筑型材　第1部分　基材》GB/T 5237.1—2008

《铝合金建筑型材　第2部分　阳极氧化、着色型材》

GB/T 5237.2—2008

《铝合金建筑型材　第3部分　电泳涂漆型材》GB/T 5237.3—2008

《铝合金建筑型材　第4部分　粉末喷涂型材》GB/T 5237.4—2008

《铝合金建筑型材　第5部分　氟碳漆喷涂型材》GB/T 5237.5—2008

《铝合金建筑型材　第6部分　隔热型材》GB/T 5237.6—2008

《一般工业用铝及铝合金挤压型材》GB/T 6892—2006

《铝及铝合金挤压型材尺寸偏差》GB/T 14846—1993

《轨道车辆结构用铝合金挤压型材》GB/T 19347—2003

《船用焊接铝合金型材尺寸和截面特性》YS/T 86—1994

《铝合金花格网》YS/T 92—1995

《铝型材截面几何参数算法及计算机程序要求》YS/T 437—2000

《轨道车辆结构用铝合金挤压型材配用焊丝》YS/T 458—2003

《有色电泳涂漆铝合金建筑型材》YS/T 459—2003

6. 丝、线材产品标准

《铝钛合金线》GB/T 3129—1982

《导电用铝线》GB/T 3195—1997

《铆钉用铝及铝合金线材》GB/T 3196—2001

《焊条用铝及铝合金线材》GB/T 3197—2001

《铝及铝合金焊条》GB/T 3669—2001

《电工圆铝线》GB/T 3955—1983

《半导体键合铝-1%硅细丝》GB/T 8646—1998

7. 粉末产品标准等

《工业铝粉》GB/T 2082—1989

《涂料铝粉》GB/T 2083—1989

《发气铝粉》GB/T 2084—1989

《铝粉 第1部分:空气雾化铝粉》GB/T 2085.1—2007

《铝粉 第2部分:球磨铝粉》GB/T 2085.2—2007

《易燃细铝粉》GB/T 2086—1989

《铝镁合金粉》GB/T 5150—2004

《水性铝膏》GB/T 17171—1997

《电焊条用铝镁合金粉》YS/T 98—1997

《纺织经编机盘片用铝合金模锻件》YS/T 243—1994

附录七　中国铝行业主要技术规程及规范目录

1. 技术规程

《金属非金属矿山安全规程》(GB 16423—2006)

《铝土矿矿山安全生产技术规程》(Q/CHALCO B003—2010)

《尾矿库安全技术规程》(AQ2006—2005)

《铝电解安全生产规程》(正在编制)

《炭素生产安全卫生规程》(GB 15600—2008)

《铝合金结构工程施工规程》JGJ/T 216—2010

《铝及铝合金焊接技术规程》HGJ 222—1992

《铝合金门窗工程技术规程》DGJ32/J07—2005

《铝母线焊接技术规程》DL/T 754—2001

《铝合金结构技术规程》DGJ08-95—2001

《铝电解生产防尘防毒技术规程》GB/T 17397—1998

《车间空气中铝、氧化铝、铝合金粉尘卫生标准》GB 11726—1989

2. 技术规范

《氧化铝厂工艺设计规范》GB 50530—2010

《铝合金结构设计规范》GB 50429—2007

《铝加工厂工艺设计规范》GB 50482—2009

《有色冶金企业电力设计技术规定》(YSJ 002—1988)

《有色金属冶炼厂电力设计规范》(YS 5002—1996)

《有色金属冶金工厂节能设计规范》(正在修订)

《铝电解废气治理工程技术规范》(正在修订)

《铝电解厂工艺设计规范》(正在修订)

《炭素厂工艺设计规范》(正在修订)

《铝加工安全生产规范》(正在编制)

《铝电解安全生产规范》(正在编制)

《铝电解厂通风与烟气净化设计规范》YS 5025—1995

《铝废料回收利用技术规范》(正在编制)

《变形铝及铝合金铸锭安全生产规范》(正在修订)

《铝及铝合金管、棒、型材安全生产规范》YS/T 769.1～4—2011

《铝及铝合金板、带、箔安全生产规范》(正在编制)

《建设项目竣工环境保护验收技术规范　电解铝》HJ/T 254—2006

《铝合金门窗工程技术规范》JGJ 214—2010

《铝和铝合金薄板与中厚板标准规范(米制)》ASTM B209M—2004

《铝合金门窗工程设计、施工及验收规范》DBJ 15-30—2002

《铝合金门窗工程技术规范》JGJ/T 214—2010

《铝合金建筑型材有机聚合物喷涂工艺技术规程》YS/T 714—2009

《铝合金结构工程施工质量验收规范》GB 50576—2010
《输送设备安装工程施工及验收规范》GB 50270—2010
《铝母线焊接工程施工及验收规范》GB 50586—2010
《铝合金结构工程施工质量验收规范》GB 50576—2010

附录八　64种有色金属元素

64种有色金属包括：铝、镁、钾、钠、钙、锶、钡、铜、铅、锌、锡、钴、镍、锑、汞、镉、铋、金、银、铂、钌、铑、钯、锇、铱、铍、锂、铷、铯、钛、锆、铪、钒、铌、钽、钨、钼、镓、铟、铊、锗、铼、镧、铈、镨、钕、钐、铕、钆、铽、镝、钬、铒、铥、镱、镥、钇、钪、硅、硼、硒、碲、砷、钍。

有色金属又分为轻金属、重金属、稀有金属、贵金属和其他有色金属。

(1) 轻金属：7种，铝、镁、钾、钠、钙、锶、钡（其中钾、钠、钙、锶、钡5种一般为化工系统的产品）。

(2) 重金属：10种，铜、铅、锌、镍、钴、锡、锑、铋、镉、汞。

(3) 稀有金属：35种，又细分为四类：

1) 稀有轻金属4种（在稀有金属中密度最小）：锂、铍、铷、铯。

2) 稀有难熔金属8种（在金属中熔点较高）：钨、钼、钽、铌、钛、锆、铪、钒。

3) 稀散金属7种（矿体生成极为分散、且多为与其他矿物共生、非经准确的全分析不易发现）：镓、铟、铊、锗、硒、碲、铼（有的分法，将铼分为难熔金属）。

4）稀土金属 16 种（其氧化物似土，故名）：镧、铈、镨、钕、钐、铕、钆、铽、镝、钬、铒、铥、镱、镥、钇、钪。

（4）贵金属：8 种，金、银、钌、铑、钯、锇、铱、铂。

（5）其他有色金属：4 种，硅、砷、硼、钍。

附录九 元素周期表

周期	I_A	II_A	III_B	IV_B	V_B	VI_B	VII_B	Ⅷ			I_B	II_B	III_A	IV_A	V_A	VI_A	VII_A	
1	1 H 氢 1.0079																	2 He 氦 4.0026
2	3 Li 锂 6.941	4 Be 铍 9.0122											5 B 硼 10.811	6 C 碳 12.011	7 N 氮 14.007	8 O 氧 15.999	9 F 氟 18.998	10 Ne 氖 20.17
3	11 Na 钠 22.9898	12 Mg 镁 24.305											13 Al 铝 26.982	14 Si 硅 28.085	15 P 磷 30.974	16 S 硫 32.06	17 Cl 氯 35.453	18 Ar 氩 39.94
4	19 K 钾 39.098	20 Ca 钙 40.08	21Sc 钪 44.956	22Ti 钛 47.9	23 V 钒 50.9415	24Cr 铬 51.996	25Mn 锰 54.938	26 Fe 铁 55.84	27 Co 钴 58.9332	28 Ni 镍 58.69	29Cu 铜 63.54	30 Zn 锌 65.38	31Ga 镓 69.72	32Ge 锗 72.59	33As 砷 74.9216	34 Se 硒 78.9	35 Br 溴 79.904	36 Kr 氪 83.8
5	37Rb 铷 85.467	38 Sr 锶 87.62	39 Y 钇 88.906	40 Zr 锆 91.22	41Nb 铌 92.9064	42Mo 钼 95.94	43 Tc 锝 97.99	44Ru 钌 101.07	45 Rh 铑 102.906	46 Pd 钯 106.42	47Ag 银 107.868	48Cd 镉 112.41	49 In 铟 114.82	50 Sn 锡 118.7	51Sb 锑 121.7	52 Te 碲 127.6	53 I 碘 126.905	54 Xe 氙 131.3
6	55Cs 铯 132.905	56 Ba 钡 137.33	57–71 La-Lu 镧系	72Hf 铪 178.49	73Ta 钽 180.947	74 W 钨 183.8	75Re 铼 186.207	76Os 锇 190.2	77 Ir 铱 192.2	78 Pt 铂 195.08	79Au 金 196.967	80Hg 汞 200.5	81 Tl 铊 204.3	82Pb 铅 207.2	83Bi 铋 208.98	84Po 钋 (209)	85 At 砹 (210)	86 Rn 氡 (222)
7	87 Fr 钫 (223)	88 Ra 镭 (226.03)	89–103 Ac-Lr 锕系	104Rf 𬬻 (261)	105Db 𬭊 (262)	106Sg 𬭳 (263)	107Bh 𬭛 (264)	108Hs 𬭶 (265)	109Mt 鿏 (268)	110Ds 𫟼 (269)	111Rg 𬬭 (272)	112Cn 鿔 (277)						

镧系	57 La 镧 138.905	58Ce 铈 140.12	59Pr 镨 140.91	60Nd 钕 144.2	61Pm 钷 (147)	62Sm 钐 150.4	63Eu 铕 151.96	64Gd 钆 157.25	65Tb 铽 158.93	66Dy 镝 162.5	67Ho 钬 164.93	68Er 铒 167.2	69Tm 铥 168.934	70Yb 镱 173.0	71Lu 镥 174.96
锕系	89Ac 锕 (227)	90Th 钍 232.0381	91Pa 镤 231.03588	92 U 铀 238.02891	93Np 镎 (237)	94 Pu 钚 (239.244)	95Am 镅 (243)	96Cm 锔 (247)	97Bk 锫 (247)	98Cf 锎 (251)	99Es 锿 (252)	100Fm 镄 (257)	101Md 钔 (258)	102No 锘 (259)	103Lr 铹 (260)